Christoph Delp

Perfektes Hanteltraining

Die besten Übungen und Programme

Christoph Delp

Perfektes Hanteltraining

Die besten Übungen und Programme

Einbandgestaltung: Luis dos Santos
Titelbilder: Nopphadol Viwatkamolwat
Bildnachweis siehe Seite 95

Eine Haftung des Autors oder des Verlages und seiner Beauftragten für Personen-, Sach- und Vermögensschäden ist ausgeschlossen.

ISBN 978-3-613-50483-7

Copyright © by Pietsch Verlag, Postfach 103743, 70032 Stuttgart
Ein Unternehmen der Paul Pietsch Verlage GmbH + Co. KG
4. Auflage 2012

Sie finden uns im Internet unter: www.pietsch-verlag.de

Nachdruck, auch einzelner Teile, ist verboten. Das Urheberrecht und sämtliche weiteren Rechte sind dem Verlag vorbehalten. Übersetzung, Speicherung, Vervielfältigung und Verbreitung einschließlich Übernahme auf elektronische Datenträger wie CD-ROM, Bildplatte usw. sowie Einspeicherung in elektronische Medien wie Bildschirmtext, Internet usw. sind ohne vorherige schriftliche Genehmigung des Verlages unzulässig und strafbar.

Lektor: Marko Schweizer
Innengestaltung: Jürgen Knopf, Printprodukte, 74321 Bietigheim
Druck und Bindung: Neografia, 03655 Martin
Printed in Slowak Republic

Danksagung des Verfassers
Ich bedanke mich bei meiner Familie für die Unterstützung; bei Oliver Glatow für die Hilfe bei den Fotoproduktionen; bei Marko Schweizer (Pietsch Verlag) für die Unterstützung zur Verwirklichung meiner Buchprojekte; bei Jürgen Knopf für die gelungene Buchgestaltung; bei dem Fotografen Nopphadol Viwatkamolwat für die schönen Bilder und natürlich bei den Darstellern Claudia, Tui und Ernst für die hervorragende Zusammenarbeit.

Inhalt

1. Die Grundlagen 8
Grundwissen zum Hanteltraining.

2. Die Hantelübungen 26
Übungen für Einsteiger und Fortgeschrittene.

3. Die Trainingsstunde 60
Trainingsinhalte; Dehnübungen.

4. Die Trainingsplanung 78
Trainingsaufbau; Programme für Einsteiger und Fortgeschrittene.

Literaturverzeichnis 94
Buchteam 95
Bildverzeichnis 95

1. Die Grundlagen

Nutzen Sie Hanteltraining, um Ihren Körper in Form zu bringen. Mit Hanteltraining werden Sie Ihre Körperhaltung verbessern und Ihre Körperproportionen gestalten. So wirken Sie attraktiver auf Ihre Umwelt und steigern Ihr Selbstvertrauen. Außerdem fallen Ihnen durch einen kräftigen Körper zahlreiche Alltagsarbeiten leichter. Die vielen positiven Effekte von Hanteltraining sind inzwischen wissenschaftlich belegt, weshalb die Trainingsgeräte im Freizeitsport, im Leistungssport und im Rehabilitationstraining eingesetzt werden.

Am Hanteltraining ist besonders hervorzuheben:
• Mit Hanteln können Sie zuhause ebenso gut wie im Studio trainieren, da die Hanteln günstig zu erwerben sind und nicht viel Platz für die Aufbewahrung benötigen.
• Jeder Mensch, gleich welchen Alters, kann Hanteln einsetzen, um seine individuellen Trainingsziele zu erreichen.
• Mit Hanteln können Sie alle Muskelgruppen ausgewogen trainieren. Unterschiedlich schwere Gewichtsscheiben ermöglichen eine kontinuierliche Steigerung der Trainingsreize. So ist das Training gut planbar und die Trainingserfolge sind leicht zu überprüfen.
• Der Körper muss bei den Übungen stabilisiert werden, dadurch werden auch die Muskelgruppen gekräftigt, die die Haltearbeit verrichten, vor allem die Rumpfmuskulatur. In Folge davon verbessert sich Ihre Körperhaltung.
• Bei Hantelübungen ist der Bewegungsablauf frei, bei Fitnessmaschinen hingegen ist er fixiert. Deshalb sind die koordinativen Anforderungen im Hanteltraining höher, wodurch die Muskulatur intensiver gekräftigt wird. Außerdem ist Hanteltraining weniger belastend für die Gelenke als Maschinentraining, da keine starren Widerstände durch feste Drehachsen gegeben sind.

Dieses Buch vermittelt Ihnen die Grundlagen zum Hanteltraining und stellt Ihnen eine Auswahl der besten Übungen vor. Es wird Ihnen ein Trainingsprogramm für den Einstieg ins Hanteltraining präsentiert. Wenn Sie gesund sind, keine Verletzungen haben und bei Ihnen keine Risikofaktoren vorliegen, wie beispielsweise Übergewicht, Bluthochdruck und übermäßig hoher Alkoholkonsum, können Sie umgehend mit dem Programm beginnen. Ansonsten müssen Sie sich vor Aufnahme des Trainingsprogramms mit Ihrem Arzt absprechen.

Hanteln mit sternförmigen Schraubmuttern ermöglichen ein schnelles Wechseln der Hantelscheiben.

Die Grundlagen

Die Ausrüstung

Fitnessstudios sind üblicherweise mit einem großzügigen Freihantelbereich ausgestattet, in dem Sie die für die Übungen notwendige Ausrüstung vorfinden. Wenn Sie Ihr Training jedoch zuhause durchführen möchten, sind die folgenden Anschaffungen notwendig.

Zum Einstieg benötigen Sie ein Set aus zwei Kurzhanteln mit unterschiedlichen Gewichtsscheiben. Ein solches Set erhalten Sie kostengünstig in den großen Kaufhäusern. Am besten erwerben Sie Kurzhanteln, bei denen die Hantelbefestigung mit großen, sternförmigen Schraubmuttern erfolgt, da diese Muttern einen schnellen Wechsel der Gewichtsscheiben ermöglichen. Hingegen sind Hantelverschlüsse, die durch einen Inbusschlüssel festgezogen werden, weniger gut geeignet. Als Alternative können sich Menschen, die eher wenig Muskelkraft besitzen, Kurzhanteln mit festen Gewichten von 1-3 kg zu legen.

Zum Buchaufbau

Das Buch liefert im ersten Kapitel Grundwissen zum Hanteltraining, stellt die Trainingsmethoden vor und informiert über die richtige Ernährung.

Im zweiten Kapitel lernen Sie die besten Hantelübungen kennen, ebenso Übungsvarianten, um Ihr Trainingsprogramm abwechslungsreich zu gestalten.

Das dritte Kapitel erläutert, wie eine Trainingseinheit einzuteilen ist. Es werden die Trainingsphasen Warm-up, Hauptteil und Cool-down vorgestellt. Es informiert Sie über die Grundlagen zum Dehnen und die besten Dehnübungen.

Im vierten Kapitel erfahren Sie alles über eine sinnvolle Trainingsplanung. Außerdem werden Trainingsprogramme für Einsteiger und Fortgeschrittene vorgestellt. Mit diesen werden Sie schon sehr bald Ihre Trainingsziele verwirklichen.

Zusätzlich ist der Kauf von Fußgelenksgewichten empfehlenswert.

Fortgeschrittene erweitern ihre Ausrüstung mit Langhantelstange, SZ-Hantelstange und unterschiedliche Gewichtsscheiben. Auch der Kauf einer Hantelbank mit verstellbarer Rückenlehne lohnt sich. Des Weiteren benötigen Fortgeschrittene mehrere Kurzhantelsets, damit sie das Training nicht ständig unterbrechen müssen, um das Hantelgewicht bei den Übungen zu verändern.

Grundwissen zum Krafttraining

Hanteltraining hat zahlreiche positive Effekte für unsere Gesundheit und unser Wohlbefinden. Dies setzt allerdings voraus, dass Sie alle großen Muskelgruppen gleichmäßig trainieren. Um Ihre Muskelkraft zu steigern beziehungsweise zu erhalten, müssen Sie Ihren Körper regelmäßig mit Hanteltraining fordern und ihm so Reize setzen. Ansonsten erhöht sich Ihre Leistungsfähigkeit nicht, sondern wird wieder abgebaut.

Effekte von Hanteltraining

Körperkräftigung und Krafterhalt

Mit Hanteltraining kräftigen Sie Ihren Körper, was sich positiv im Alltag auswirkt, beispielsweise beim Treppensteigen und Tragen von Getränkekisten. Durch regelmäßiges Training können Sie Ihre Muskelkraft kontinuierlich steigern.

Außerdem verhindert das Krafttraining altersbedingte Kraftabnahme. Es wurde bei Untersuchungen festgestellt, dass selbst Senioren mit Hanteltraining ihre Muskelkraft noch deutlich steigern können.

Körperformung

Hanteltraining gestaltet die Körperproportionen und baut Körperfett ab. Beispielsweise sind „Sixpack" und „knackiger Po" Resultate von regelmäßigem Krafttraining und geringem Körperfettanteil. Auch bewirkt ein ausgewogenes Training aller großen Muskelgruppen einen dynamisch Gang und eine aufrechte Körperhaltung.

Durch die Auswahl der Trainingsmethode lässt sich gezielt auf die gewünschte Körperform hin trainieren (siehe S. 18-19). Beispielsweise werden eher viele Wiederholungen ausgeführt, um einen schlanken Körper zu entwickeln, und eher wenige Wiederholungen, um einen muskulösen Körper aufzubauen.

Hanteltraining verbrennt zahlreiche Kalorien, und dies nicht nur während des Trainings, sondern auch danach in der Regenerationsphase. Außerdem führt eine größere Muskelmasse zu höherem Grundverbrauch an Energie und somit an Kalorien. Deshalb ist das Training gut geeignet, um Körperfett zu reduzieren. Voraussetzung ist aber, dass Sie eine negative Kalorienbilanz erreichen, d. h. weniger Kalorien aufnehmen als Sie verbrauchen.

Ausgleich muskulärer Ungleichgewichte

Aus einseitigen Belastungen in Beruf und Freizeit können muskuläre Ungleichgewichte entstehen. Wenn sich Muskelgruppen nicht in einem ausgeglichenen Kräfteverhältnis zueinander befinden, führt dies zu Verspannungen und Fehlhaltungen, und daraus resultieren dann anhaltende Beschwerden. Gezieltes Krafttraining hilft gegen solche Probleme und beseitigt die Beschwerden. Dabei darf das Dehnen der Muskulatur nicht vernachlässigt werden, damit es zu keinen Muskelverkürzungen kommt. Deshalb finden Sie in diesem Buch einen ausführlichen Abschnitt über das Dehnen.

Nach schweren Verletzungen, wie beispielsweise einem Kreuzbandriss, muss die Muskulatur der geschwächten Körperseite wieder aufgebaut werden. Ansonsten gewöhnt sich der Körper Fehlstellungen an, weil er versucht, die schwächere Körperpartie zu schützen.

Leistungsverbesserung im Sport

Nutzen Sie Hanteltraining, um in Ihrer Sportart leistungsfähiger zu werden. Es empfiehlt sich, mit regelmäßigen Einheiten alle Muskelgruppen des Körpers ausgeglichen zu trainie-

ren. Ein Kraftzuwachs des gesamten Körpers erhöht die Leistungsfähigkeit im Sport und verringert das Risiko, sich zu verletzen.

Leistungssportler sollten zusätzlich gezieltes Training zur Verbesserung der Schnellkraft und der Maximalkraft machen, um ihr Leistungsvermögen noch etwas zu steigern. Für Hobbysportler sind diese intensiven Trainingsformen jedoch nicht geeignet (siehe S. 19).

Was ist Muskelkraft?

Muskelkraft ist die Fähigkeit, einen Widerstand zu überwinden (z. B. eine Hantel anzuheben), ihm entgegenzuwirken (z. B. eine Hantel kontrolliert zu senken) oder ihn zu halten (z. B. eine Hantel in einer Position zu halten). Üblicherweise werden drei Ausprägungen von Muskelkraft unterschieden: Maximalkraft, Schnellkraft und Kraftausdauer.

Die **Maximalkraft** ist die größtmögliche Kraft, die die Muskeln entwickeln können (z. B. um eine Hantel einmal anzuheben). Sie ist davon abhängig, wie viel Kraftpotential vorhanden ist, und wie gut es gelingt, dieses Kraftpotential einzusetzen.

Kraftausdauer ist die Fähigkeit, eine Kraftleistung möglichst oft in einer bestimmten Zeit zu vollbringen (z. B. mehrmaliges Anheben einer Hantel) oder eine Kraftleistung möglichst lange aufrechtzuerhalten (z. B. Halten einer Hantel in einer bestimmten Position).

Schnellkraft ist die Fähigkeit, eine Kraftleistung möglichst schnell zu vollbringen (z. B. schnellstmögliches Anheben einer Hantel).

Die Grundlagen

Trainingsreize – Das Prinzip der Superkompensation

Überschwelliger Trainingsreiz

Unser Körper reagiert auf körperliche Belastung mit Anpassungsvorgängen. Wird im Training ein überschwelliger Reiz gesetzt, also eine größere Leistung abgerufen, als in der vorherigen Trainingseinheit, stellt der Organismus nach einer Regenerationsphase ein größeres Leistungsniveau her. Dieser Vorgang, der zur Verbesserung des Ausgangsniveaus führt, wird **Superkompensation** genannt. Allerdings sind die möglichen Leistungsverbesserungen immer geringer, umso besser unser Körper trainiert ist. Wenn stattdessen nur geringe Reize gesetzt werden, d. h. der Körper nicht gefordert wird, dann erfolgt auch keine Anpassung, sondern maximal ein Erhalt des Leistungsniveaus. Erfolgt keine Reizsetzung, baut sich die Leistungsfähigkeit des Körpers ab. Muss beispielsweise ein Gipsverband zur Heilung eines Beinbruchs getragen werden, verringert sich die Muskulatur des geschützten Beines deutlich innerhalb weniger Tage. Entscheidend für die Anpassungsvorgänge und die Leistungsverbesserungen ist, mit welcher Intensität und nach welcher Methode der Körper gefordert wird.

Regenerationsphase

Der Organismus benötigt nach dem Trainingsreiz eine Regenerationsphase. In dieser Phase stellt sich der Körper auf den neuen Reiz ein. Nach einem überschwelligem Trainingsreiz verbessert er dann das Ausgangsniveau. Wie lange der Körper zur Regeneration und Anpassung benötigt, hängt von der Reizintensität, dem Trainingszustand und der ausgeführten Trainingsmethode ab. Beispielsweise benötigen die trainierten Muskelgruppen nach einem Hanteltraining mit der Kraftausdauer-Methode weniger Regenerationszeit als nach einer intensiven Trainingseinheit mit der Muskelaufbau-Methode (siehe S. 17-19). Durch eine sinnvolle Regenerationsgestaltung, z. B. Auslaufen, Massagen und ausreichend Schlaf, lässt sich die Erholungsdauer beschleunigen.

Optimaler Trainingseffekt

Der Trainingseffekt ist dann optimal, wenn die Pause zwischen zwei Trainingseinheiten richtig gesetzt ist. Wird dem Körper nicht genug Zeit zur Regeneration gewährt, kann dies zu einem Zustand von Übertraining führen, was eine Verschlechterung des Leistungsniveaus zur Folge hat. Wird eine zu lange Pause zwischen zwei Trainingseinheiten gelassen, baut der Körper seine Leistungsfähigkeit wieder ab, und eine Verbesserung des Leistungsniveaus ist nicht mehr möglich. Da viele Komponenten auf die Dauer der Regenerationsphase einwirken, lässt sich diese nicht exakt bestimmen. Ziel eines Sportlers muss es ein, seinen

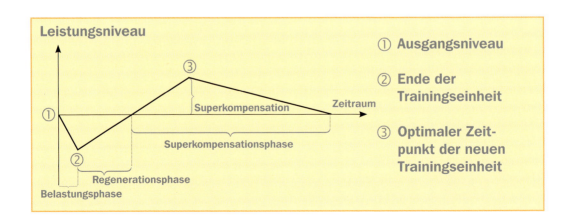

Körper immer besser kennen zu lernen, um so die Trainingsplanung optimal gestalten zu können. Zur Orientierung für Einsteiger lässt sich festhalten, dass diese zwischen zwei gleichen Trainingseinheiten ein bis drei Tage pausieren sollten, je nachdem wie intensiv sie die erste Einheit wahrgenommen haben. Damit ambitionierte Sportler häufig ihre Muskelgruppen trainieren können, splitten sie ihr Trainingsprogramm nach Muskelgruppen. So können sie beispielsweise an einem Tag den Oberkörper trainieren und am nächsten Tag die Beine.

Muskelreaktion auf Trainingsreize

Die Anpassung der Muskulatur auf das Krafttraining ist davon abhängig, wie Sie die Trainingsreize setzen, welche Trainingsmethoden Sie also anwenden (siehe S. 17-19).

Größeres Kraftpotential
(Maximalkraft – Muskelmasse)
Die Maximalkraft ergibt sich aus dem Kraftpotential und der Fähigkeit, das Kraftpotential einzusetzen. Die Muskelmasse stellt dabei das Kraftpotential dar. Trainingsreize im Krafttraining bewirken ein Muskelwachstum (Hypertrophie).
Bestmögliche Trainingsergebnisse für Muskelwachstum werden mit der Muskelaufbau-Methode erreicht.

Bessere Aktivierungsfähigkeit
(Maximalkraft – Muskelkraft)
Es ist nicht möglich, das Kraftpotential zur Bewältigung eines Widerstandes vollständig einzusetzen. Sie können jedoch das Muskelzusammenspiel verbessern (intermuskuläre Koordination) und Ihre Fähigkeiten trainieren, möglichst viele Muskelfasern eines Muskels zur Bewältigung eines Widerstandes zu aktivieren (intramuskuläre Koordination). So gelingt es Ihnen, Ihr Kraftpotential besser auszuschöpfen.
Das Training mit der Maximalkraft-Methode verbessert deutlich die Aktivierungsfähigkeit der Muskulatur.

Längere Ermüdungswiderstandsfähigkeit
(Kraftausdauer)
Ihre Kraftausdauer fördern Sie, indem Sie trainieren, Kraftleistungen aufrechtzuerhalten.
Das Training mit der Kraftausdauer-Methode führt zu den besten Erfolgen, aber auch das Maximalkrafttraining wirkt durch die mehrfache Überwindung eines großen Widerstandes auf die Kraftausdauer.

Schnellere Kontraktionsfähigkeit
(Schnellkraft)
Sie verbessern Ihre Kraftschnelligkeit, indem Sie die Muskeln trainieren, sich bei einer Bewegung schnell zusammenzuziehen.
Optimale Ergebnisse werden mit der Schnellkraft-Methode erreicht. Aber auch durch das Training der Maximalkraft führt zu positiven Effekten für die Schnellkraft.

14 Die Grundlagen

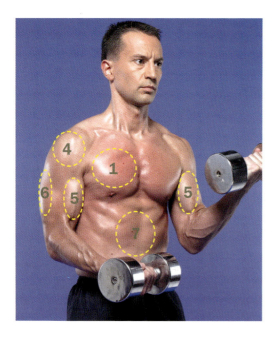

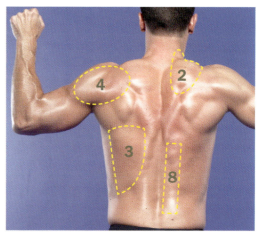

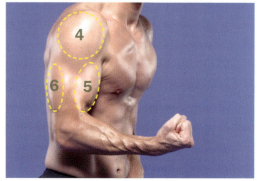

Muskelkunde

Hier lernen Sie die wichtigsten Muskelgruppen für das Fitnesstraining kennen. Auch werden Sie erfahren, welche Dehn- und Kräftigungsübungen sich am besten für das Training eignen.

1. Die Brustmuskulatur

Der große Brustmuskel bedeckt den Brustkorb und verleiht ihm die Form. Er ist nahezu an allen Bewegungen des Schultergelenks beteiligt. Seine Hauptfunktion ist es, den Arm nach vorne zu drücken. Gegenspieler (Antagonist) zur Brustmuskulatur ist die obere Rückenmuskulatur, da deren Hauptfunktion das Ziehen des Arms nach hinten ist. Das Kräftigen der Brustmuskulatur bewirkt eine Gewebsstraffung und führt so zu einer optisch ansprechenden Brustform. Bei vielen Menschen sind die Schultern nach vorne gezogen, was aus häufiger Tätigkeit im Sitzen folgt. Durch regelmäßiges Dehnen der Brustmuskulatur lässt sich wieder eine gute Körperhaltung erzielen.
Dehnübungen: D 1, D 2
Kräftigungsübungen: K 1, K 2, K 3, K 4

2. Die Nackenmuskulatur

Die Muskelstränge des Kapuzenmuskels (Trapezius) verlaufen über die Schulter und den oberen Rückenbereich bis hin zum Nacken. Die Hauptfunktionen der Nackenmuskulatur bestehen – je nach Muskelanteil – darin, den Kopf gerade zu halten und ferner die Schultern zu heben, zu senken und nach hinten zu ziehen. Das Kräftigen dieser Muskulatur führt zu einer guten Haltung; u. a. lässt sich so ein Doppelkinn korrigieren. Häufiges Arbeiten am Bildschirm verursacht Verspannungen des Nackens, die sich aber durch regelmäßige Dehnübungen beseitigen lassen.
Dehnübung: D 7
Kräftigungsübungen: K 13, K 14

3. Die obere Rückenmuskulatur

Der breite Rückenmuskel gibt dem Rücken seine Form. In starker Ausprägung bewirkt dieser Muskel die oft gewünschte V-Form. Seine Hauptfunktion ist das Ziehen des Arms nach hinten (Gegenstück zur Brustmuskulatur) oder aus angehobener Position nach unten. Das Kräftigen dieser Muskulatur strafft das Gewebe und führt zu einer schönen Körperhaltung.
Dehnübungen: D 3, D 5, D 6, D 14
Kräftigungsübungen: K 5, K 6, K 7

4. Die Schultermuskulatur

Diese Muskelgruppe ist auch bekannt als Deltamuskel. Sie umschließt das Schultergelenk und gibt so der Schulter ihre runde Form. Der Deltamuskel lässt sich in drei Bereiche gliedern: Der vordere Anteil besitzt die Hauptfunktion, den Arm nach vorne zu ziehen; der seitliche Anteil spreizt den Arm vom Körper ab; und der hintere Anteil führt den Arm nach hinten. Das Training aller drei Anteile bildet eine schöne Schulterform und verhindert Fehlstellungen.
Dehnübungen: D 2, D 8, D 9, D 10
Kräftigungsübungen: K 10, K 11, K 12, K 13

5. Die vordere Oberarmmuskulatur

Diese Muskelgruppe ist auch als Bizeps (zweiköpfiger Oberarmmuskel) bekannt. Ihre Hauptfunktion ist das Beugen des Arms im Ellbogengelenk. Gegenstück ist die hintere Oberarmmuskulatur mit der Hauptfunktion, das Ellbogengelenk zu strecken. Das Training führt zu einer Gewebsstraffung der Arme. Außerdem werden Ihnen durch eine kräftige Muskulatur zahlreiche Arbeiten leichter fallen. Wichtig ist es aber, dass die vordere und die hintere Oberarmmuskulatur gleichmäßig gekräftigt werden, damit keine Ungleichgewichte entstehen.
Dehnübungen: D 1, D 2
Kräftigungsübungen: K 15, K 16, K 17

6. Die hintere Oberarmmuskulatur

Diese Muskelgruppe ist auch als Trizeps (dreiköpfiger Oberarmmuskel) bekannt. Ihre Hauptfunktion ist das Strecken des Arms im Ellbogengelenk (Gegenstück zur vorderen Oberarmmuskulatur). Das ausgewogene Training der vorderen und der hinteren Oberarmmuskulatur bildet wohlproportionierte Arme.
Dehnübung: D 10
Kräftigungsübungen: K 18, K 19, K 20

7. Die Bauchmuskulatur

Diese Muskelgruppe ist wichtig für die Körperhaltung. Ihre Hauptfunktionen sind: Das Stabilisieren der Wirbelsäule, ferner das Einrollen, Drehen und Seitwärtsbeugen des Rumpfes. Sie bildet das Gegenstück zur Rückenstreckmuskulatur. Das Kräftigen der Bauchmuskulatur bildet eine wohlgeformte Körpermitte und beugt Rückenbeschwerden vor. Sie muss oft trainiert werden, da sich ihre Kraft schnell verringert. Außerdem müssen Bauch- und untere Rückenmuskulatur ein ausgewogenes Verhältnis bilden, weshalb nach einem Bauchmuskeltraining stets auch die untere Rückenmuskulatur gekräftigt werden muss.
Dehnübungen: D 4, D 11, D 12
Kräftigungsübungen: K 21, K 22, K 23

8. Die untere Rückenmuskulatur

Diese Muskelgruppe ist auch als Rückenstreckmuskulatur bekannt. Sie verläuft in zwei Strängen vom Becken entlang der Wirbelsäule. Ihre Hauptfunktionen bestehen darin, die Wirbelsäule zu stabilisieren und den Rumpf aus einer gebeugten Haltung aufzurichten (Gegenstück zur Bauchmuskulatur). Das regelmäßige Training führt zu einer guten Haltung und beugt Rückenbeschwerden vor. Das setzt aber voraus, dass Rücken- und Bauchmuskulatur gleichmäßig gekräftigt werden. Wird hingegen die Bauchmuskulatur vernachlässigt, zieht sich der Rücken zu einem Hohlkreuz zusammen, was Rückenverspannungen und Schmerzen zur Folge hat.
Dehnübungen: D 4, D 5, D 6
Kräftigungsübung: K 6, K 8, K 9

16 Die Grundlagen

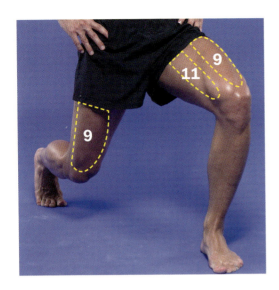
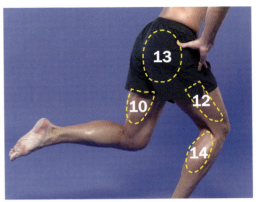
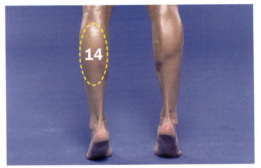

9. Die vordere Oberschenkelmuskulatur
Diese Muskelgruppe ist auch als vierköpfiger Oberschenkelmuskel bekannt. Ihre Hauptfunktion ist das Strecken des Kniegelenks. Außerdem stabilisiert sie gemeinsam mit der hinteren Oberschenkelmuskulatur das Kniegelenk. Regelmäßiges Training bildet eine wohlgeformte Kontur. Es ist wichtig, dass vordere und hintere Oberschenkelmuskulatur gleichermaßen gekräftigt werden, so dass sich die beiden Muskelgruppen im Gleichgewicht befinden und das Knie optimal schützen.
Dehnübung: D 15
Kräftigungsübungen: K 24, K 25, K 26

10. Die hintere Oberschenkelmuskulatur
Die Oberschenkelrückseite umfasst drei Muskeln, die sich von der Hüfte (Sitzbein) bis zur Wade ziehen. Ihre Hauptfunktionen bestehen im Beugen des Kniegelenks (dem Gegenstück zur vorderen Oberschenkelmuskulatur) und im Aufrichten des Beckens. Bei vielen Menschen ist diese Muskulatur verkürzt, weil sie berufsbedingt ständig sitzen müssen. Auch wird bei einigen Sportarten die vordere Oberschenkelmuskulatur intensiver gekräftigt als die hintere, wodurch ein Muskelungleichgewicht entsteht, das Kniebeschwerden zur Folge hat. Regelmäßiges Dehnen und Kräftigen der hinteren Oberschenkelmuskulatur verhindern solche Probleme.
Dehnübungen: D 14, D 16, D 17
Kräftigungsübung: K 27

11. Die innere Oberschenkelmuskulatur
Dieser Bereich umfasst die Muskeln an der Innenseite des Oberschenkels, welche auch Adduktoren (Schenkelanzieher) genannt werden. Ihre Hauptfunktion besteht darin, das Bein nach innen zu ziehen. Außerdem stabilisieren sie als Gegenstück zur äußeren Oberschenkelmuskulatur das Standbein und verhindern im Grätschstand, dass der Körper nach unten sackt. Aufgrund dieser Stabilisierungsfunktionen ist es notwendig, diese Muskulatur zu kräftigen. Es muss aber auch die äußere Beinmuskulatur trainiert werden, so dass diese beiden Muskelgruppen im Gleichgewicht bleiben. Häufig sind die Adduktoren verkürzt, weshalb sie dann vor dem Kräftigen intensiv gedehnt werden müssen.
Dehnübung: D 18
Kräftigungsübung: K 28

Die Grundlagen

12. Die äußere Oberschenkelmuskulatur

Dieser Bereich umfasst diejenigen Muskeln, die von der Außenseite des Beckens über die Außenseite des Oberschenkels bis hin zum Knie verlaufen. Diese Muskeln werden auch Abduktoren (Schenkelabspreizer) genannt. Ihre Hauptfunktionen bestehen darin, das Bein abzuspreizen und es im Stand zu stabilisieren (Gegenstück zur inneren Oberschenkelmuskulatur). Die Abduktoren müssen regelmäßig trainiert werden, da sie zur Abschwächung neigen. Ihr Training dient nicht nur der Vorbeugung gegen Knieverletzungen, sondern strafft auch die Oberschenkelaußenseite und führt so zu wohlgeformten Beinen.
Dehnübungen: D 19, D 20
Kräftigungsübungen: K 23, K 29

13. Die Gesäßmuskulatur

Diese Muskelgruppe ist auch bekannt als großer Gesäßmuskel, da sie dem Gesäß die Form verleiht. Ihre Hauptfunktion ist es, das Hüftgelenk zu strecken, beispielsweise beim Treppensteigen. Sie wirkt aber auch beim Abspreizen und Anziehen des Beines mit. Regelmäßiges Training strafft das Gewebe am Po und führt zu einer schönen und festen Form. Außerdem vereinfacht eine kräftige Gesäßmuskulatur zahlreiche Bewegungen im Alltag.
Dehnübungen: D 19, D 20
Kräftigungsübungen: K 24, K 25, K 26, K 27, K 29

14. Die Wadenmuskulatur

Dieser Bereich zeichnet sich in zwei Strängen entlang der Wadenaußenseite und -innenseite ab. Die Hauptfunktionen der Wadenmuskulatur bestehen im Abdruck der Ferse bei allen Geh-, Lauf- und Sprungbewegungen und in der Stabilisierung des Standfußes. Außerdem ist sie bei der Kniegelenkbeugung beteiligt. Das regelmäßige Training der Wadenmuskulatur formt den Unterschenkel und bewirkt einen dynamischen Gang. Bei vielen Menschen ist die Wadenmuskulatur verkürzt.
Dehnübungen: D 13, D 14, D 16
Kräftigungsübung: K 30

Der Übersichtlichkeit halber werden in diesem Buch einige der aufgeführten Muskelgruppen für die Abschnitte „Hantelübungen" und „Dehnen" zusammengefasst.

Die Brust	1. Brustmuskulatur
Der Rücken	3. Obere Rückenmuskulatur, 8. Untere Rückenmuskulatur
Der Nacken und die Schultern	2. Nackenmuskulatur, 4. Schultermuskulatur
Die Arme	5. Vordere Oberarmmuskulatur, 6. Hintere Oberarmmuskulatur
Der Bauch	7. Bauchmuskulatur
Die Beine und das Gesäß	9. Vordere Oberschenkelmuskulatur, 10. Hintere Oberschenkelmuskulatur, 11. Innere Oberschenkelmuskulatur, 12. Äußere Oberschenkelmuskulatur, 13. Gesäßmuskulatur, 14. Wadenmuskulatur

Trainingsmethoden

Dieses Buch hat zum Ziel, die positiven Effekte von Hanteltraining für die Gesundheit zu nutzen. Deshalb ist vorrangig beabsichtigt, die Kraftausdauer zu verbessern (Kraftausdauer-Methode) und die Muskelmasse zu vergrößern (Muskelaufbau-Methode). Fortgeschrittene Fitnesssportler können die Trainingsintensität durch den Einsatz von Intensivierungstechniken steigern. Leistungssportler sollten zusätzlich die anderen Kraftdimensionen mit der Schnellkraft-Methode und der Maximalkraft-Methode trainieren. Für wenig geübte Fitnesssportler sind diese beiden Methoden jedoch nicht geeignet, da sie sehr intensiv sind und somit Verletzungsgefahr besteht.

1. Kraftausdauer-Methode

Anwender:	Einsteiger, Fortgeschrittene, Leistungssportler
Wiederholungen:	15-30
Bewegungstempo:	langsam bis zügig
Intensität je Satz (subjektives Empfinden):	mittel bis schwer
Pause zwischen zwei Sätzen:	1-2 Minuten
Einsatz:	Als eigenständige Einheit oder nach Schnellkraft- oder Maximalkraft-Training
Trainingsziele:	Verbesserung Kraftausdauer, Körperfettreduktion

Wählen Sie den Schwierigkeitsgrad der Übung so, dass Sie 15-30 Wiederholungen in einem Satz ausführen können. Das Bewegungstempo kann langsam bis zügig sein, wobei es wichtig ist, gleichmäßig zu atmen. Am Ende sollten Sie sich mittel bis schwer beansprucht fühlen. Pausieren Sie zwischen zwei Sätzen 1-2 Minuten. Als Variante können Fortgeschrittene direkt nach einem Durchgang einen Satz für den Muskel-Gegenspieler ausüben, z. B. kann so die vordere und die hintere Oberarmmuskulatur trainiert werden. Durch dieses Vorgehen hat der zuerst trainierte Muskel genügend Zeit, sich zu regenerieren und kann danach wieder beansprucht werden.

Mit der Kraftausdauer-Methode kann eine eigenständige Trainingseinheit gestaltet werden. Sie können aber auch erst einige Übungen nach der Schnellkraft- oder der Maximalkraft-Methode ausführen und dann die restlichen Übungen nach der Kraftausdauer-Methode.

Das vorrangige Ziel dieser Methode ist die Verbesserung der Kraftausdauer und die Formung eines schlanken, kräftigen Körpers.

2. Muskelaufbau-Methode

Anwender:	Leicht Fortgeschrittene und Fortgeschrittene, Leistungssportler
Wiederholungen:	8-12
Bewegungstempo:	langsam
Intensität je Satz (subjektives Empfinden):	schwer bis sehr schwer
Pause zwischen zwei Sätzen:	2-3 Minuten
Einsatz:	Als eigenständige Einheit oder nach Schnellkraft- oder Maximalkraft-Methode
Trainingsziele:	Muskelaufbau, Steigerung Maximalkraft

Wählen Sie den Schwierigkeitsgrad der Übung so, dass Sie 8-12 Wiederholungen in einem Satz ausführen können. Machen Sie die Bewegungen eher langsam. Am Ende sollten Sie sich schwer bis sehr schwer belastet fühlen, aber Fehlstellungen und Ausweichbewegungen vermeiden können.

Pausieren Sie zwischen zwei Sätzen 2-3 Minuten. Als Variante können Sie direkt nach einem Durchgang einen Satz für den Muskel-Gegenspieler ausüben.

Mit dieser Methode kann eine eigenständige Trainingseinheit gestaltet werden. Sie können aber auch erst einige Übungen nach der Schnellkraft- oder der Maximalkraft-Methode ausführen und dann die restlichen Übungen nach der Muskelaufbau-Methode.

Vorrangige Ziele dieser Methode sind der Aufbau von Muskelmasse und die Steigerung der Maximalkraft.

3. Schnellkraft-Methode

Anwender:	Leistungssportler
Wiederholungen:	6-12
Bewegungstempo:	explosiv
Intensität je Satz (subjektives Empfinden):	schwer bis sehr schwer
Pause zwischen zwei Sätzen:	2-3 Minuten
Einsatz:	Nach Warm-up-Phase und Aufwärmsatz
Trainingsziele:	Schnellere Kraftfreisetzung in einer anderen Sportart

Wählen Sie den Schwierigkeitsgrad der Übung so, dass Sie 6-12 Wiederholungen in einem Satz ausführen können. Machen Sie die Bewegungen explosiv. Am Ende sollten Sie sich schwer bis sehr schwer belastet fühlen. Pausieren Sie zwischen zwei Sätzen 2-3 Minuten.

Diese Methode wird am Anfang einer Trainingseinheit nach der Warm-up-Phase und 1-2 Aufwärmsätzen ausgeführt. Der Körper muss ausgeruht sein, da ansonsten große Verletzungsgefahr besteht. Es werden üblicherweise einige komplexe Grund-übungen, wie „K 1: Bankdrücken" und „K 24: Beidbeinige Kniebeuge", nach dieser Methode trainiert. Anschließend werden die restlichen Übungen der Trainingseinheit nach Muskelaufbau- oder Kraftausdauer-Methode ausgeführt.

Die Schnellkraft-Methode eignet sich nur für fortgeschrittene Sportler. Sie wird eingesetzt, damit Leistungssportler die Anforderungen in ihrer Sportart schneller ausführen können; beispielsweise nutzen Boxer diese Methode, um explosiver zu schlagen.

4. Maximalkraft-Methode

Anwender:	Leistungssportler
Wiederholungen:	1-3
Bewegungstempo:	zügig
Intensität je Satz (subjektives Empfinden):	sehr schwer
Pause zwischen zwei Sätzen:	3-5 Minuten
Einsatz:	Nach Warm-up-Phase und Aufwärmsatz
Trainingsziele:	Größere Kraftfreisetzung in einer anderen Sportart

Wählen Sie den Schwierigkeitsgrad der Übung so, dass Sie 1-3 Wiederholungen in einem Satz erreichen. Führen Sie die Bewegungen zügig aus. Am Ende sollten Sie sich sehr schwer belastet fühlen. Pausieren Sie zwischen zwei Sätzen 3-5 Minuten.

Diese Methode wird am Anfang einer Trainingseinheit nach der Warm-up-Phase und einigen Aufwärmsätzen ausgeführt. Der Körper muss ausgeruht sein, da ansonsten große Verletzungsgefahr besteht. Es werden üblicherweise einige Grundübungen, wie „K 24: Beidbeinige Kniebeuge", nach dieser Methode trainiert. Anschließend werden die restlichen Übungen der Trainingseinheit nach Muskelaufbau- oder Kraftausdauer-Methode ausgeführt.

Die Maximalkraft-Methode eignet sich nur für fortgeschrittene Sportler. Sie wird eingesetzt, um Leistungssportlern eine größere Kraftfreisetzung in ihrer Sportart zu ermöglichen; beispielsweise nutzen Boxer diese Methode, um ihre Schlagkraft für K.o.-Schläge zu vergrößern.

Intensivierungstechniken für Kraftausdauer-Training

Leicht Fortgeschrittene und fortgeschrittene Fitnesssportler können die Muskelbeanspruchung beim Kraftausdauer-Training während der Übungen mit den folgenden zwei Vorgehensweisen erhöhen.

1. Halten der Endposition
Die Übungen werden intensiviert, wenn Sie bei jeder Wiederholung für etwa 3 Sekunden in der Endposition bleiben. Gleichzeitig wird die Muskulatur mit maximaler Kraft angespannt. Halten Sie dabei nicht die Luft an, sondern atmen Sie gleichmäßig weiter.

2. Teilbewegungen in der Endposition
Auch Teilbewegungen sind eine sinnvolle Variante zur Steigerung der Muskelaktivität. Damit ist gemeint, dass Sie sich in die Endposition bewegen und von dort kleine, langsame Bewegungen nach oben und wieder nach unten machen. Durch die Ausführung der Wiederholungen im Bereich höchster Muskelaktivität wird ein besseres Trainingsergebnis erreicht. Achten Sie auch hierbei darauf, gleichmäßig zu atmen.

Intensivierungstechniken für Muskelaufbau-Training

Leicht fortgeschrittene Fitnesssportler können die Muskelbeanspruchung beim Muskelaufbau-Training mit den Intensivierungstechniken Nr. 1-2 erhöhen.
Fortgeschrittene Fitnesssportler können die Intensivierungstechniken Nr. 3-6 nutzen, für weniger Geübte sind diese Techniken jedoch zu intensiv. Ziel beim Muskelaufbau-Training ist es, die Muskulatur maximal zu erschöpfen, da der Muskelwachstumsreiz umso größer ist, desto besser die Erschöpfung gelingt. Die Intensivierungstechniken Nr. 3-6 erreichen eine größere Erschöpfung der Muskulatur, da durch sie über den Punkt des Muskelversagens hinaus trainiert werden kann. Zuerst werden 8-12 Wiederholungen bis zum Punkt des momentanen Muskelversagens ausgeführt. Dann wird eine der Intensivierungstechniken eingesetzt, um eine noch größere Muskelerschöpfung zu erreichen.
Beachten Sie beim Einsatz von Intensivierungstechniken, dass sich die Regenerationsphase verlängert. Es sollte beispielsweise am nächsten Tag die mit Intensivierungstechniken trainierte Muskulatur nicht intensiv belastet werden, da ansonsten Verletzungsgefahr besteht. Stattdessen kann ein regeneratives Training erfolgen.

1. Halten der Endposition
Die Übungen werden intensiviert, wenn Sie bei jeder Wiederholung für etwa 3 Sekunden in der Endposition bleiben. Gleichzeitig wird die Muskulatur mit maximaler Kraft angespannt. Halten Sie dabei nicht die Luft an, sondern atmen Sie gleichmäßig weiter.

2. Teilbewegungen in der Endposition
Auch Teilbewegungen sind eine sinnvolle Variante zur Steigerung der Muskelaktivität. Damit ist gemeint, dass Sie sich in die Endposition bewegen und von dort kleine, langsame Bewegungen nach oben und wieder nach unten machen. Durch die Ausführung der Wiederholungen im Bereich höchster Muskelaktivität wird ein besseres Trainingsergebnis erreicht. Achten Sie auch hierbei darauf, gleichmäßig zu atmen.

3. Teilwiederholungen
Trainieren Sie bis zum Punkt des momentanen Muskelversagens mit vollständigem Bewegungsradius. Ohne Unterbrechung führen Sie dann noch einige Wiederholungen der Übung mit reduziertem Bewegungsradius aus. Bei „K 15: Bizepscurl im Stand" wird beispielsweise nach dem Erreichen des momentanen Muskelversagens noch einige Male die Hantel geringfügig angehoben.

4. Intensivwiederholungen
Trainieren Sie bis zum Punkt des momentanen Muskelversagens. Nun führen Sie ohne Unterbrechung noch weitere Wiederholungen

mit Unterstützung während der Anstrengungsphase aus. Sobald Sie das Gewicht beim Rückführen nicht mehr kontrollieren können, wird die Übung beendet. Beispielsweise unterstützt Sie Ihr Trainingspartner bei der Übung „K 1: Bankdrücken" beim Anheben der Gewichts. Das Absenken müssen Sie aber selbstständig ausführen können. Bei der Übung „K 16: Konzentrationscurl" unterstützen Sie das Anheben des Gewichts mit Ihrer freien Hand.

5. Erweiterte Sätze
Trainieren Sie bis zum Punkt des momentanen Muskelversagens und legen Sie das Gewicht ab. Pausieren Sie etwa 30 Sekunden und heben Sie das gleiche Gewicht erneut an. Dann führen Sie weitere 2-4 Wiederholungen aus.

6. Verbundsätze
Trainieren Sie bis zum Punkt des momentanen Muskelversagens. Dann beginnen Sie umgehend mit einer anderen Übung für dieselbe Muskelgruppe. Diese Technik basiert darauf, dass unterschiedliche Muskelfasern der Zielmuskulatur mit der ersten und zweiten Übung erschöpft werden. Für die vordere Oberarmmuskulatur können Sie beispielsweise zuerst die Übung „K 16: Konzentrationscurl" und dann „K 15: Bizepscurl im Stand" ausführen.

Satzzahl:
Einsatz- versus Mehrsatz-Training

Ein „Satz" bezeichnet die Ausführung einer Übung von der ersten bis zur letzten Wiederholung. Über die Anzahl der Sätze, die in einer Trainingseinheit auszuführen sind, gibt es die unterschiedlichsten Empfehlungen. Grundsätzlich lässt sich sagen, dass Einsteiger mit einem Satz je Übung schon Muskelzuwächse erreichen. Mit mehreren Sätzen je Übung wird etwas mehr Muskelwachstum bewirkt, dafür ist aber die Zeitdauer länger und außerdem steigt das Risiko, den Körper zu überlasten. Sinnvoll erscheint es für Einsteiger mit einem Ganzkörperprogramm zu beginnen, wobei sie abhängig von der Übungsanzahl für jede Übung 1-2 Sätze ausführen.

Fortgeschrittene und Leistungssportler trainieren mit den verschiedensten Programmen und Satzzahlen. Die Empfehlungen liegen bei 2-5 intensiven Sätzen je Übung. Mittlerweile hat sich aber auch in diesem Bereich gezeigt, dass mit Einsatztraining erfolgreich trainiert werden kann. Dies setzt voraus, dass die Muskulatur mit Intensivierungstechniken maximal erschöpft wird. Um sich nicht zu verletzen, muss der Sportler vor jeder Übung 1-2 Aufwärmsätze mit geringem Gewicht machen. Oft werden im Anschluss an eine Übung noch weitere Übungen für dieselbe Muskelgruppe ausgeführt.

Außerdem ist die Satzzahl davon abhängig, wie viele Übungen insgesamt in einer Trainingseinheit ausgeführt werden. Intensives Training in der Hauptphase sollte maximal 60-90 Minuten andauern.

Der „Bizepscurl im Stand".

Die Grundlagen

Trainingshäufigkeit und Trainingspause

Die größtmögliche Leistungssteigerung gemäß dem Prinzip der Superkompensation wird dann erreicht, wenn das Verhältnis zwischen Belastung und Regenerationszeit optimal gewählt wird (siehe S. 12-13). Wie oft eine Muskelgruppe trainiert werden soll und wie lange anschließend mit dem Training dieser Muskelgruppe pausiert werden muss, ist von vielen Faktoren abhängig, wie z. B. Reizintensität, Trainingsfortschritt und Gestaltung der regenerativen Maßnahmen. Deshalb können hier nur Orientierungswerte genannt werden.

Allgemein gilt, dass einmal wöchentliches Training einer Muskelgruppe der Krafterhaltung dient, zwei- bis dreimal dem Kraftzuwachs. Trainieren Sie mit einem Ganzkörper-Programm, genügen also 2-3 Einheiten pro Woche um Fortschritte zu erzielen; bei Splitttraining sind aber mehrere Einheiten notwendig. Einsteiger mit sehr geringer Muskelmasse können bereits mit einmal wöchentlichem Training zu Erfolgen kommen. Aber auch Leistungssportler und Bodybuilder können deutliches Muskelwachstum erreichen, wenn sie eine Muskelgruppe einmal wöchentlich sehr intensiv trainieren. Dazu werden die Muskelgruppen auf mehrere Trainingseinheiten verteilt und dann die jeweils zu trainierende Muskelgruppe mit zahlreichen Übungen, Sätzen und Intensivierungstechniken maximal erschöpft.

Nach dem Training gemäß der Kraftausdauer-Methode wird mindestens ein Regenerationstag benötigt. Einsteiger müssen hingegen bereits zwei Tage pausieren, wenn sie die Belastung als mittel bis schwer wahrgenommen haben. Wird nach der Muskelaufbau-Methode trainiert, ist eine Regenerationszeit von 1-3 Tagen notwendig, wobei die exakte Dauer von Trainingsintensität und Erholungsmaßnahmen abhängig ist. Beispielsweise kann am Folgetag leichtes Ausdauertraining und Dehnübungen gemacht werden, was die Regenerationsdauer reduziert. Intensives Schnellkraft- oder Maximalkraft-Training erfordert sogar eine noch längere Trainingspause.

Sportler, die Krafttraining als Ergänzung zu ihrer eigentlichen Sportart betreiben, müssen bei der Zusammenstellung von Trainingsplänen beachten, dass die Muskeln nicht nur im Krafttraining intensiv aktiviert werden, sondern auch in ihrer Sportart. Wenn beispielsweise ein Handballer die Brustmuskulatur mit Einsatztraining und Intensivierungstechniken maximal erschöpft, sollte er am nächsten Tag kein hartes Wurftraining machen. Ansonsten besteht erhöhte Verletzungsgefahr, da die Muskulatur müde ist; außerdem kann sie kein großes Leistungspotential bereitstellen.

Auswahl des Trainingsgewichts

Als Fitnesseinsteiger führen Sie die Übungen mit geringer Belastung aus. Fragen Sie einen Fitnesstrainer nach einem Einstiegsgewicht oder tasten Sie sich vorsichtig an das geeignete Trainingsgewicht heran. Dazu wählen Sie ein geringes Gewicht und machen damit einige Wiederholungen. Fühlen Sie dabei eine leichte Muskelbeanspruchung, aber keine Schmerzen und keine Überanstrengung, wird dieses Gewicht als Einstiegsgewicht im Trainingsplan festgehalten. Sie können das Gewicht in den nächsten Übungseinheiten etwas steigern. Sie müssen jedoch das jeweilige Gewicht immer so wählen, dass Sie noch mindestens 15 Wiederholungen der Übung technisch korrekt ausführen können. Steigern Sie Wiederholungszahlen mit fortlaufendem Training, spätestens wenn Sie 30 Wiederholungen erreichen, erhöhen Sie das Gewicht. Wählen Sie auch das neue Gewicht so, dass Sie noch mindestens 15 Wiederholungen erreichen. Erhöhen Sie in den folgenden Trainingseinheiten wieder schrittweise die Wiederholungszahlen.

Fortgeschrittene steigern die Gewichte im Verlauf ihres Trainings deutlich. Abhängig davon nach welcher Methode Sie trainieren, wählen Sie die Gewichte so, dass Sie 15-30 Wiederholungen (Kraftausdauer-Methode) oder 8-12 Wiederholungen (Muskelaufbau-Methode) ausführen können. Verfahren Sie beim Training nach der Kraftausdauer-Methode wie oben beschrieben. Bei der Muskelaufbau-Methode

Die Grundlagen 23

steigern Sie das Gewicht nach 12 erreichten Wiederholungen, aber nur soviel, dass Sie noch mindestens 8 Wiederholungen erreichen.

Übungsfolge beim Kräftigen

Die Hantelübungen in Kapitel 2 sind nach Muskelgruppen aufgeteilt. Beginnen Sie Ihr Training mit einer großen Muskelgruppe, wie der Brust- oder der Beinmuskulatur. Führen Sie zuerst Komplexübungen aus, bevor Sie eine Muskelgruppe isoliert kräftigen, um deren vorzeitige Ermüdung zu vermeiden. Ansonsten kann es zu Ausweichbewegungen und dadurch zu Verletzungen kommen. Deshalb wird die Oberarmmuskulatur am Ende der Oberkörperübungen trainiert und entsprechend die Wadenmuskulatur am Ende der Beinübungen. Es gibt zwar auch ein gegensätzliches Trainingsprinzip bei dem zuerst eine Isolationsübung ausgeführt wird, um eine Vorermüdung herbeizuführen. Dieses Prinzip ist aber nur von weit fortgeschrittenen Kraftsportlern einsetzbar.

Das Kräftigen der Bauch- und der unteren Rückenmuskulatur sollte erst am Ende des Trainings erfolgen. Wenn Sie diese beiden Muskelgruppen zuvor intensiv trainieren, ist es bei den anschließenden Komplexübungen schwer, den Oberkörper zu stabilisieren.

Ernährung für das Fitnesstraining

Die notwendige Energie für das Hanteltraining erhalten Sie über Ihre Ernährung. Wenn Sie die folgenden Ratschläge beachten, werden Sie beim Training leistungsfähig und fördern Ihre Gesundheit.

Die Bestandteile der Ernährung

Wir nehmen sowohl Nahrungsmittel als auch Sauerstoff auf. Im Stoffwechselprozess wird daraus Wärme und Energie erzeugt. Kohlenhydrate, Fette, Eiweiße, Vitamine, Mineralstoffe und Wasser sind Nährstoffe, die vom Körper verwertet werden können. Kohlenhydrate und Fette dienen hauptsächlich der Energielieferung. Eiweiß wird vorwiegend als Baustoff des Körpers genutzt. Primärfunktion der Vitamine und Mineralstoffe ist die Regulierung des Stoffwechsels. Das Wasser transportiert die Substanzen im Körper und reguliert die Körperwärme.

Der optimale Ernährungsplan fällt für jeden Menschen etwas unterschiedlich aus. Er ergibt sich aus der körperlichen Aktivität, der Muskelmasse und der Körpergröße. Als Orientierung für den Grundnährstoffbedarf gilt die Faustregel, dass der Anteil an Kohlehydraten bei etwa 60 Prozent liegen soll, der von Fetten bei etwa 30 Prozent und der von Eiweiß bei etwa 10 Prozent. Auch für das Hanteltraining müssen Sie sich an dieser Ernährungszusammenstellung orientieren. Allerdings sollte die Eiweißzufuhr die empfohlene Menge etwas überschreiten. Dies ist insbesondere dann notwendig, wenn Sie deutlich Muskelmasse aufbauen wollen.

Kohlehydrate

Kohlehydrate umfassen Zucker und Zuckerverbindungen. Als Grundnährstoffe bilden sie die wichtigste Energiequelle des Organismus. Wir unterschieden einfache, kurzkettige Kohlehydrate und komplexe, langkettige Kohlehydrate. Die einfachen Kohlehydrate werden dem Körper schnell zugeführt. Ebenso schnell werden sie vom Organismus verarbeitet und verbraucht, wodurch Heißhunger nach neuer Nahrung entsteht. Für die Umwandlung der komplexen Kohlehydrate benötigt der Organismus mehr Zeit. So wird die Energie dem Körper langsam zugeführt, weshalb die komplexen Kohlehydrate über einen langen Zeitraum hinweg sättigend wirken. Einfache Kohlehydrate befinden sich beispielsweise in Süßigkeiten und Limonade; komplexe Kohlehydrate in Nudeln, Brot, Reis und Kartoffeln.

Greifen Sie möglichst oft auf vollwertige Kohlehydrate wie Vollkornbrot, Vollkornreis und Vollkornnudeln zurück. Der Kohlehydratanteil bei vollwertigen Nahrungsmitteln ist zwar nicht höher als bei ausgemahlenen, jedoch sättigt die Vollwertkost länger und enthält einen höheren Anteil an Vitaminen und Mineralstoffen. So bleiben Sie beim Hanteltraining länger leistungsfähig, außerdem hilft Ihnen die richtige Ernährung, schnell zu regenerieren.

Eiweiße

Eiweiße – auch Proteine genannt – sind die Grundbausteine unseres Körpers. Haut, Muskeln, Haare, Sehnen und Bänder bestehen aus Proteinverbindungen. Die Proteine werden im Organismus fortlaufend auf-, ab- und umgebaut. Sie sind notwendig für die Reparatur der Körperzellen, den Muskelaufbau und das Immunsystem. Proteine sind aus verschiedenen Aminosäuren zusammengesetzt: Acht essenzielle Aminosäuren müssen dem Körper zugeführt werden, vierzehn Aminosäuren kann er selbst erzeugen. Zahlreiche Proteine befinden sich in Fisch und Milchprodukten. Ebenso ist in Fleisch viel Protein enthalten, jedoch auch viel Fett.

Sie müssen Ihrem Körper täglich Eiweiße zuführen, da der Körper ansonsten auf Muskeleiweiß zurückgreift und dadurch Muskulatur abbaut. Essen Sie oft fettarme Milchprodukte, Putenfleisch, Thunfisch und mageres Rindfleisch.

Fette

Fette sind konzentrierte Energielieferanten. Sie werden unterschieden in gesättigte, einfach gesättigte und mehrfach ungesättigte Fettsäuren. Nehmen Sie so wenig gesättigte Fettsäuren wie möglich zu sich, da deren häufige Einnahme zu erhöhten Cholesterinwerten führen kann. Gesättigte Fettsäuren erkennen Sie daran, dass sie bei Zimmertemperatur feste Konsistenz aufweisen, wie z. B. Butter und Speck. Aus Gesundheitsaspekten sind insbesondere Transfette bedenklich, wie z. B. Frittierfette.

Unentbehrlich sind hingegen einfach gesättigte Fettsäuren und mehrfach ungesättigte Fettsäuren. Diese Fette müssen dem Körper zugeführt werden, da er sie nicht selbst bilden kann. Einfach gesättigte Fettsäuren befinden sich beispielsweise in Olivenöl und Nüssen. Mehrfach ungesättigte Fettsäuren befinden sich z. B. in Sonnenblumenöl, Distelöl und Fisch. Ersetzen Sie gesättigte Fettsäuren durch einfach gesättigte und mehrfach ungesättigte Fettsäuren. Beim Zubereiten von Speisen können Sie beispielsweise Margarine und Butter durch hochwertige Öle ersetzen.

Das Hanteltraining bewirkt, dass Sie mehr Fett als gewöhnlich verbrauchen. Trotzdem müssen Sie die Fettmenge nicht bewusst vergrößern. Dies resultiert daraus, dass Sie durch das Training einen höheren Bedarf an Kohlehydraten und Eiweiß decken müssen. Dabei steigt gleichzeitig die aufgenommene Fettmenge, da sich in den meisten Nahrungsmitteln Fette befinden. Stattdessen sollten Sie bei der Nahrungsaufnahme auf eine große Menge komplexer Kohlehydrate und genügend Eiweiß achten.

Vitamine

Vitamine sind organische Verbindungen, die an den zahlreichen Stoffwechselprozessen beteiligt sind. Bereits geringe Veränderungen an dem im Körper vorhandenen Vitaminbestand haben weitreichende Auswirkungen. Das Vitamin C stärkt beispielsweise das Immunsystem, weshalb sich bei einer Erkältung oder bei einer deutlichen Steigerung der Trainingsintensität die erhöhte Einnahme von Vitamin C lohnt. Es gibt aber auch Vitamine, deren erhöhte Zufuhr negative Auswirkungen hat. Aufgrund dessen sollten Sie nicht unbedarft auf die zahlreichen im Handel erhältlichen Vitaminpräparate zurückgreifen.

Essen Sie täglich frisches Obst. So sind Sie ausreichend mit Vitaminen versorgt und benötigen keine Vitaminpräparate. Greifen Sie so oft wie möglich auf reif geerntetes Obst aus Ihrer Region zurück, da das Obst dann die meisten Vitamine hat. Es ist nicht problematisch, wenn Sie an einem Tag nur wenige Vitamine zu sich nehmen, sofern dies nicht zum Regelfall wird. Denn ausschlaggebend für die Vitaminbilanz ist die Einnahme über mehrere Tage. Essen Sie dann aber am nächsten Tag wieder frisches Obst.

Mineralstoffe

Mineralstoffe sind am Aufbau der Knochensubstanz und an zahlreichen Stoffwechselvorgängen beteiligt. Zu den Mineralstoffen gehören z. B. Natrium, Kalium, Kalzium und Magnesium. Zu den Mineralstoffen mit geringem Vorkommen im Körper – den so genannten Spurenelementen – sind u. a. Eisen, Flur, Zink, Selen und Jod zu zählen.

Mineralstoffe haben keine leistungsfördernde Wirkung. Deshalb ist es nicht sinnvoll, erhöhte Mengen bei normaler körperlicher Belastung einzunehmen. Zur Deckung des normalen Mineralstoffbedarfs genügt es, sich ausgewogen zu ernähren.

Wenn Sie einige Wochen lang ein sehr intensives Programm ausführen, können Nahrungsergänzungen sinnvoll sein, da ein Mangel an Mineralstoffen zu körperlichen Beeinträchtigungen führt. Magnesiummangel verursacht beispielsweise Muskelkrämpfe, und ein Zinkmangel führt zu erhöhter Infektanfälligkeit. Achten Sie deshalb bei deutlicher Trainingssteigerung auf eine ausreichende Versorgung mit Zink, Magnesium und auch mit Eisen.

Wasser

Der Körper reguliert die Körperwärme durch die Abgabe von Schweiß. Die Wärme wird durch die Schweißverdunstung an der Hautoberfläche freigesetzt. Training erhöht die Körperwärme, wodurch die Schweißabgabe steigt. Die Menge ist abhängig von Trainingsintensität, Außentemperatur und Luftfeuchtigkeit.

Sie sollten am Tag mindestens zwei Liter Flüssigkeit trinken. Greifen Sie am besten auf mineralstoffhaltiges Wasser zurück. Koffeinhaltige oder alkoholhaltige Getränke hingegen sind zum Einhalten der Wasserbilanz ungeeignet, da sie bewirken, dass vermehrt Wasser ausgeschieden wird. Durch die intensive körperliche Belastung beim Hanteltraining steigt die Schweißabgabe deutlich. Deshalb müssen Sie während des Trainings viel trinken.

Ernährungsbasis

Im Rahmen Ihrer Ernährung sollten Sie auf einen hohen Anteil an hochwertigen Kohlehydraten achten. Als Eiweißlieferanten nutzen Sie fettarme Produkte, wie beispielsweise Magerquark, Thunfisch und fettarmes Rindfleisch. Essen Sie auch täglich frisches Obst, am besten reif geerntete Produkte aus Ihrer Region. Nahrungsmittel enthalten ganz unterschiedliche Inhaltsstoffe, achten Sie deshalb

auf eine abwechslungsreiche Ernährung. So erhält Ihr Körper alle wichtigen Vitamine und Mineralstoffe. Außerdem müssen Sie viel trinken. Als Getränk ist Wasser geeignet, da es keine Kalorien enthält.

Sie sollten möglichst oft auf Einfachzucker verzichten, da diese nur eine kurzzeitige Sättigung bewirken und anschließend zu Heißhungerattacken führen. Außerdem müssen Sie weitestgehend gesättigte Fettsäuren vermeiden. Alkohol hat schädlichen Einfluss auf den Organismus und liefert keine Nährstoffe. Deshalb sollte er – wenn überhaupt – nur in Maßen genossen werden.

Ernährung vor, während und nach dem Training

Vor einer Trainingseinheit können Sie noch einen kohlehydratreichen Snack essen, z. B ein Vollkorn-Müsli oder eine Banane. Fetthaltige Nahrung sollten Sie hingegen mindestens zwei Stunden vor dem Hanteltraining nicht mehr zu sich nehmen. Während des Trainings müssen Sie viel trinken, mindestens einen halben Liter je Trainingsstunde. Am besten trinken Sie Wasser oder eine Schorle aus zwei Dritteln Wasser und einem Drittel Apfelsaft (nicht Apfelfruchtsaft). Nach dem Training müssen Sie zuerst die entleerten Kohlehydratspeicher wieder auffüllen.

Grundsätzlich sollten Sie anstelle einer großen Hauptmahlzeit besser mehrere Mahlzeiten über den Tag verteilt zu sich nehmen. Dies ist für den Erfolg des Muskelaufbau-Trainings grundlegend. Essen Sie mehrfach täglich verschiedene eiweißhaltige Mahlzeiten, und versuchen Sie nicht, mit einer Mahlzeit Ihren gesamten Eiweißbedarf zu decken. Verfahren Sie auch bei der Einnahme von Eiweißpräparaten nach diesem Prinzip.

Eine Zunahme der Muskelmasse ist nur über eine Vergrößerung der Nahrungsmenge möglich. Dabei muss auf einen geringen Fettanteil der Nahrung geachtet werden. Ansonsten besteht die Gefahr, dass der Sportler nicht nur Muskelmasse zunimmt, sondern auch seinen Fettanteil deutlich erhöht.

2. Die Hantelübungen

In diesem Abschnitt bekommen Sie effektive Hantelübungen vorgestellt. Es sind solche ausgewählt, die für Einsteiger relativ einfach erlernbar sind. Außerdem wurde bei der Übungszusammenstellung berücksichtigt, dass für alle großen Muskelgruppen Übungen enthalten sind, so dass der Körper ausgewogen trainiert werden kann. Für einige Muskelgruppen werden Übungen mit dem Körpergewicht ausgeführt, die Hanteln stellen dabei nur das Zusatzgewicht für Fortgeschrittene dar, beispielsweise bei „K 21: Crunch".

Auch diese Muskelgruppen müssen in einem gesundheitsorientierten Training gekräftigt werden, weshalb auf die Körpergewichts-Übungen in diesem Buch nicht verzichtet werden darf.

Hantelübungen, die sich nur für Fortgeschrittene eignen, wie z. B. „Kreuzheben", werden nicht vorgestellt. Diese Übungen sind koordinativ sehr anspruchsvoll und bei falscher Durchführung, besteht große Verletzungsgefahr. Deshalb sollten sie nur unter Aufsicht eines Trainers einstudiert werden.

Wenn Sie nach einigen Monaten Ihr Krafttraining umfangreich variieren wollen, finden Sie Alternativübungen im Buch „Bodytraining für Zuhause" (Delp 2002).

Durchführung der Übung

Nehmen Sie die Ausgangsposition ein und führen Sie die Übung entsprechend der Übungsbeschreibung durch. Wiederholen Sie die Durchführung so oft, wie es die von Ihnen genutzte Trainingsmethode verlangt (siehe S. 17-19). Sie müssen ein Gewicht wählen, mit dem Sie die Wiederholungen technisch korrekt – ohne Fehlstellungen und Ausweichbewegungen – ausführen können (siehe S. 22). Fortgeschrittene können Intensivierungstechniken einsetzen (siehe S. 20-21). Auch wenn eine Übung nur zu einer Seite beschrieben ist, müssen Sie immer beide Körperseiten kräftigen.

Bei den Übungen wird hervorgehoben, ob eine Muskulatur vorrangig (★★) oder mit gekräftigt wird (★).

Die stabile Ausgangsposition im Stand.

Die Hantelübungen

Trainingsregeln

Beachten Sie die folgenden Regeln unabhängig davon, nach welcher Methode Sie trainieren.

Kontrollieren der Befestigung
Prüfen Sie vor Hantelübungen immer den Hantelverschluss, insbesondere vor Bewegungen über dem Kopf.

Stabile Ausgangsposition
Nehmen Sie eine stabile Ausgangsposition ein, damit Sie sich vollständig auf die Übungsdurchführung konzentrieren können. Spannen Sie die Bauchmuskulatur an, um den Oberkörper zu stabilisieren, und halten Sie den Rücken gerade. Bei Übungen im Stand wird zusätzlich die Gesäßmuskulatur aktiviert.

Überprüfen der Position
Kontrollieren Sie regelmäßig Ihre Ausgangsposition und die Übungsdurchführung vor einem Spiegel. Achten Sie darauf, dass die Schultern auf gleicher Höhe bleiben. Wenn während der Übung die Handgelenke abgeknickt werden, besteht die Gefahr von Sehnenscheidentzündungen. Vermeiden Sie deshalb ein Abknicken der Handgelenke.

Konzentration auf Muskel
Konzentrieren Sie sich bei jeder Übung auf die Zielmuskulatur und nehmen Sie während der Übungsdurchführung deren Aktivität bewusst wahr. Dadurch werden die besten Ergebnisse erzielt. Ungeübten fällt die konzentrierte Trainingsausführung zu Anfang noch etwas schwer, doch werden sie sich diese mit fortschreitender Praxis aneignen.

Gleichmäßige Bewegungen
Machen Sie die Übungen in gleichmäßigen, eher langsamen Bewegungen – es sein denn, Sie trainieren nach Schnellkraft- oder Maximalkraft-Methode. Achten Sie auf eine technisch korrekte Ausführung. Ziel des gesundheitsorientierten Krafttrainings ist es, die

Muskulatur effektiv zu trainieren, und nicht, das größtmögliche Gewicht zu bewegen.

Keine Ausweichbewegungen
Vermeiden Sie es, Schwung zu holen und Ausweichbewegungen durch den Einsatz anderer Muskelgruppen zu machen. Sie werden beispielsweise bei „K 15: Bizepscurl im Stand" feststellen, wie die vordere Oberarmmuskulatur zittert und ermüdet. Durch ruckartige Bewegungen, Verdrehen der Schulter und Anheben des Nackens gelingt es Ihnen vielleicht, die Hantel einmal mehr anzuheben. Dadurch wird der Oberarm aber nicht besser trainiert, sondern ein Teil der Arbeit von der Schulter- und der Nackenmuskulatur übernommen. Wenn Sie jedoch diese Muskelgruppen kräftigen wollen, dann machen Sie das ganz gezielt mit den speziell dafür vorgesehenen Übungen.

Muskel bleibt aktiviert
Die Zielmuskulatur muss während der gesamten Übungsdurchführung aktiviert bleiben. Sie dürfen beispielsweise beim „K 17: Bizepscurl im Sitz" den Unterarm nicht bis zur vollen Streckung senken, damit die Oberarmmuskulatur in Spannung bleibt. Die Muskelaktivität nimmt während des Hantelanhebens zu und ist in der Endposition am größten, deshalb kann die Übung auch durch Halten der Endposition und Teilbewegungen intensiviert werden (siehe S. 20).

Gleichmäßige Atmung
Atmen Sie gleichmäßig bei Übungen mit kleinen Hantelgewichten oder bei solchen, die sehr langsam ausgeführt werden. Wenn Sie stattdessen den Atemrhythmus unterbrechen, wird Ihr Körper ungenügend mit Sauerstoff versorgt, was ein erhebliches Gesundheitsrisiko darstellt. Führen Sie jedoch Übungen schnell und mit hohen Gewichten aus, atmen Sie vor der Bewegung ein, während der Anstrengung aus und bei dem anschließenden Zurückkehren in die Ausgangsposition wieder

Die Hantelübungen

ein. Behalten Sie diesen Atemrhythmus während aller Wiederholungen bei. Wird zur Intensivierung die Endposition einige Sekunden gehalten, atmen Sie währenddessen bewusst ein und aus.

Anstrengen, aber keine Schmerzen

Sie dürfen sich bei den Übungen anstrengen und verausgaben. Im Kraftausdauer-Training können Sie viele Wiederholungen machen und im Muskelaufbau-Training schwere Gewichte bewegen.

Wenn jedoch Schmerzen auftreten, muss die Übung unterbrochen werden. Lassen die Schmerzen im Ruhezustand nach, überlegen Sie, was die Ursache war, beispielsweise eine fehlerhafte Körperhaltung, und versuchen Sie die Ausführung erneut. Tritt der gleiche Schmerz wieder auf, stoppen Sie die Übung und machen Sie die nächste, die in Ihrem Trainingsplan steht. Lassen die Schmerzen auch im Ruhezustand nicht nach, beenden Sie das Training und kontaktieren Sie Ihren Arzt.

Beide Seiten und alle wichtigen Muskelgruppen trainieren

Führen Sie Übungen für die linke und die rechte Körperseite immer mit gleicher Intensität aus. Achten Sie darauf, dass Sie Ihren Körper ausgeglichen trainieren. Sie müssen in Ihr Trainingsprogramm alle großen Muskelgruppen integrieren.

Intensive und mehrmals wöchentlich angesetzte Trainingseinheiten können ebenso wie zeitliche Einschränkungen dazu führen, dass das Programm aufgeteilt werden muss. Sie können beispielsweise splitten in Trainingstage für den Oberkörper und Trainingstage für die Beine.

Regelmäßig Trainieren

Nur durch regelmäßiges Training können Sie Ihre Körperformen deutlich verändern und die Muskulatur kräftigen. Dazu sollten Einsteiger mindestens zweimal pro Woche trainieren, Fortgeschrittene noch häufiger.

Pausieren Sie für längere Zeit, baut sich die Muskulatur langsam wieder ab. Versuchen Sie deshalb auch in Phasen, in denen Ihnen wenig Zeit zur Verfügung steht, mindestens einmal pro Woche zu trainieren. Wenn Sie allerdings krank sind, müssen Sie auf das Training verzichten, da ansonsten der Heilungsprozess gefährdet wird.

Belastung langsam steigern

Trainingseinsteiger führen die Übungen mit geringer Belastung aus. Wählen Sie Gewichte eher zu niedrig als zu hoch. Die Muskulatur gewöhnt sich schneller an neue Anforderungen als die Sehnen und Bänder. Deshalb muss der Körper langsam auf eine Übungsintensivierung vorbereitet werden. Erhöhen Sie zuerst die Wiederholungs- und Satzzahlen, bevor Sie die Gewichte steigern. Wenn die Beanspruchung zu schnell vergrößert wird, besteht die Gefahr, dass der Körper Schaden nimmt.

Die Hantelübungen — Die Brust

K 1: Bankdrücken

Kräftigung:
- ★★ Brustmuskulatur
- ★ vordere Schulter- und hintere Oberarmmuskulatur

Ausgangsposition:
Sie liegen auf dem Rücken auf einer Hantelbank. Die Arme sind senkrecht in die Luft gestreckt und etwas mehr als schulterbreit auseinander. In den Händen halten Sie Kurzhanteln, wobei die Daumen zueinander gerichtet sind. Spannen Sie die Bauchmuskulatur an, um ein Hohlkreuz zu vermeiden.

Übungsdurchführung:
Senken Sie die Hanteln und führen Sie diese etwas nach außen, bis die Oberarme fast waagrecht sind. Anschließend drücken Sie die Hanteln in die Ausgangsposition zurück. Achten Sie darauf, dass Sie die Handgelenke und den Rücken gerade halten, und vermeiden Sie Ausweichbewegungen mit den Schultern.

Variante:
Besitzt die Hantelbank eine Gewichtsablage, können Sie mit einer Langhantel und hohen Gewichten trainieren.
Sie können die Übung auch in Bodenlage ausführen, wenn Ihnen keine Hantelbank zur Verfügung steht. Die Hanteln dürfen jedoch dann nur so weit gesenkt werden, dass die Oberarme noch nicht auf dem Boden aufliegen, damit die Muskulatur in Spannung bleibt.

K 2: Schrägbankdrücken

Kräftigung:
★★ Brustmuskulatur, insbesondere oberer Anteil
★ vordere Schulter- und hintere Oberarmmuskulatur

Ausgangsposition:
Sie liegen auf dem Rücken auf einer Hantelbank mit schräg eingestellter Rückenlehne. Die Arme sind senkrecht in die Luft gestreckt und etwa schulterbreit auseinander. In den Händen halten Sie Kurzhanteln, wobei die Daumen zueinander gerichtet sind. Spannen Sie die Bauchmuskulatur an, um ein Hohlkreuz zu vermeiden.

Übungsdurchführung:
Senken Sie die Hanteln und führen Sie diese etwas nach außen, bis die Oberarme fast waagrecht sind. Anschließend drücken Sie die Hanteln in die Ausgangsposition zurück. Achten Sie darauf, dass Sie die Handgelenke und den Rücken gerade halten, und vermeiden Sie Ausweichbewegungen mit den Schultern.

Variante:
Besitzt die Hantelbank eine Gewichtsablage, können Sie mit einer Langhantel und hohen Gewichten trainieren.

Die Hantelübungen — Die Brust

K 3: Flys

Kräftigung:
- ★★ Brustmuskulatur
- ★ vordere Schultermuskulatur

Ausgangsposition:
Diese Übung können Sie auf dem Boden oder auf einer Hantelbank ausführen. Sie befinden sich in Rückenlage, die Arme sind senkrecht in die Luft gestreckt. In den Händen halten Sie Kurzhanteln, wobei die Handflächen zueinander gerichtet sind. Die Bauchmuskulatur ist angespannt und die Handgelenke sind gerade.

Übungsdurchführung:
Führen Sie die Arme leicht gebeugt nach außen, bis die Oberarme fast waagrecht sind, ohne diese auf dem Boden abzulegen. Halten Sie diese Position kurz, bevor Sie die Arme wieder langsam nach oben führen. Achten Sie auf langsame, gleichmäßige Bewegungen und vermeiden Sie es, ein Hohlkreuz zu machen oder die Oberarme nach hinten zu überstrecken.

Variante:
Wenn Ihnen eine Hantelbank zur Verfügung steht, können Sie die Oberarme bis zur waagrechten Haltung senken, wodurch die Übung an Intensität gewinnt.

K 4: Überzüge

Kräftigung:
- ★★ Brustmuskulatur
- ★ hintere Oberarm-, obere Rücken-, vordere Schulter- und Bauchmuskulatur

Ausgangsposition:
Sie liegen auf dem Rücken auf einer Hantelbank, die Arme sind senkrecht in die Luft gestreckt. In den Händen halten Sie eine Kurzhantel, wobei die Scheibe auf den Handflächen liegt und die Daumen den Hantelgriff umfassen. Spannen Sie die Bauchmuskulatur an, um den Rücken zu stabilisieren.

Übungsdurchführung:
Führen Sie die Hantel in einem Bogen langsam hinter den Kopf, bis die Oberarme etwa waagrecht sind. Die Arme bleiben dabei fast gestreckt. Anschließend werden die Arme wieder nach oben bewegt.
Vermeiden Sie ein Hohlkreuz, wozu Sie auf angespannte Bauchmuskulatur achten und den Rücken gerade halten.

Variante:
Sie können die Übung auch in Bodenlage ausführen, wenn Ihnen keine Hantelbank zur Verfügung steht. Halten Sie in der Ausgangsposition zwei Kurzhanteln senkrecht in die Luft, wobei die Daumen zueinander gerichtet sind. Die Hanteln dürfen nur so weit gesenkt werden, dass die Oberarme noch nicht auf dem Boden aufliegen, damit die Muskulatur in Spannung bleibt.

K 5: Rudern einarmig

Kräftigung:
- ★★ obere Rückenmuskulatur
- ★ vordere Oberarm-, hintere Schulter- und Nackenmuskulatur

Ausgangsposition:
Sie stehen im Ausfallschritt und stützen sich mit einer Hand auf Ihren vorderen Oberschenkel. Der Arm der anderen Seite hängt nach unten. In dessen Hand halten Sie eine Kurzhantel, wobei die Handfläche zum Körper zeigt. Der Rücken ist gerade, die Bauch- und die Gesäßmuskulatur sind angespannt.

Übungsdurchführung:
Ziehen Sie den Ellbogen so weit wie möglich nach hinten oben, eng am Körper entlang. Anschließend senken Sie den Arm langsam, jedoch nicht bis zur vollen Streckung. Vermeiden Sie es, während der Übung die Schultern anzuheben, und achten Sie auf einen geraden Oberkörper.

Variante:
Zur besseren Fixierung können Sie sich mit der vorderen Hand auf einen Stuhl stützen.

Der Rücken Die Hantelübungen 35

K 6: Rudern beidarmig

Kräftigung:
★★ obere Rückenmuskulatur
★ vordere Oberarm-, hintere Schulter-, Nacken- und untere Rückenmuskulatur

Ausgangsposition:
Aus dem aufrechten Stand beugen Sie die Beine etwas, wobei Sie das Gesäß nach hinten schieben und den Oberkörper nach vorne verlagern. In den Händen halten Sie Kurzhanteln. Spannen Sie die Bauch- und die Gesäßmuskulatur an und halten Sie den Rücken gerade.

Übungsdurchführung:
Ziehen Sie die Ellbogen nach hinten oben und am Bewegungsende die Schulterblätter zusammen. Der Rücken wird dabei nicht bewegt. Achten Sie darauf, dass die Bauchmuskulatur in Spannung bleibt.

Variante:
Je enger Sie die Ellbogen an den Rippen entlang bewegen, desto mehr wird die obere Rückenmuskulatur aktiviert. Dementsprechend weniger intensiv werden die hintere Schulter- und die Nackenmuskulatur trainiert.
Sie können die Übung auch mit einer Langhantel ausführen. Greifen Sie dazu die Hantel mit schulterbreitem Griff.

Die Hantelübungen — Der Rücken

K 7: Bankziehen

Kräftigung:
- ★★ obere Rückenmuskulatur
- ★ vordere Oberarm-, hintere Schulter- und Nackenmuskulatur

Ausgangsposition:
Sie befinden sich in Bauchlage auf einer Hantelbank mit schräg eingestellter Lehne. Die Arme hängen nach unten und sind etwas mehr als schulterbreit auseinander. In den Händen halten Sie eine Langhantel, wobei die Daumen zueinander gerichtet sind. Spannen Sie die Bauchmuskulatur an, um ein Hohlkreuz zu vermeiden.

Übungsdurchführung:
Ziehen Sie die Ellbogen nach hinten oben und am Bewegungsende die Schulterblätter zusammen. Der Rücken darf dabei nicht bewegt werden. Achten Sie darauf, dass die Bauchmuskulatur in Spannung bleibt.

Variante:
Je enger Sie die Ellbogen an den Rippen entlang bewegen, desto mehr wird die obere Rückenmuskulatur aktiviert. Dementsprechend werden die hintere Schulter- und die Nackenmuskulatur weniger intensiv trainiert. Sie können die Übung auch mit Kurzhanteln ausführen.

K 8: Oberkörper vorbeugen

Kräftigung:
★★ Rückenmuskulatur, insbesondere unterer Anteil
★ Oberschenkelmuskulatur, insbesondere hinterer Anteil, Gesäß-, hintere Schulter- und Nackenmuskulatur

Ausgangsstellung:
Aus dem aufrechten Stand bewegen Sie den Oberkörper etwas nach vorne, wobei die Beine leicht gebeugt und schulterbreit auseinander sind. Vor den Oberschenkel halten Sie Kurzhanteln. Spannen Sie die Bauch- und die Gesäßmuskulatur an, um die Position zu stabilisieren.

Übungsdurchführung:
Verlagern Sie den Oberkörper nach vorne, wobei Sie das Gesäß nach hinten schieben. Achten Sie darauf, dass der Rücken gerade bleibt. Halten Sie kurz die Position, bevor Sie sich in die Ausgangsstellung zurückbewegen. Achten Sie besonders auf angespannte Bauchmuskulatur.

Variante:
Einsteiger müssen zuerst die Übung ohne Zusatzgewicht lernen, da bei fehlerhafter Übungsausführung große Verletzungsgefahr besteht.
Fortgeschrittene können den Oberkörper bis zur Waagrechten vorbeugen.

Die Hantelübungen — Der Rücken

K 9: Arme und Beine anheben

Kräftigung:
- ★★ unterer Anteil der Rückenmuskulatur
- ★ Nacken-, hintere Schulter- und hintere Oberschenkelmuskulatur

Ausgangsposition:
Sie liegen auf dem Bauch, die Arme sind nach oben gestreckt und die Stirn ist aufgelegt. Spannen Sie die Bauch- und die Gesäßmuskulatur an. Zur Vermeidung eines Hohlkreuzes können Sie ein gefaltetes Handtuch unter den Bauch legen.

Übungsdurchführung:
Heben Sie gleichzeitig Kopf, Arme und Beine ab. Die Arme bewegen Sie höher als den Kopf, die Stirn bleibt parallel zum Boden. Die Endposition wird mindestens zehn Sekunden gehalten. Achten Sie auf gleichmäßige Atmung und angespannte Bauchmuskulatur.

Variante:
Fortgeschrittene intensivieren die Übung mit Kurzhanteln und Fußgelenksgewichten.
Einsteiger können die Übung vereinfachen, indem sie Kopf, linken Arm und rechtes Bein abheben. Anschließend führen sie die Übung mit rechtem Arm und linkem Bein aus.

K 10: Nackendrücken

Kräftigung:
★★ Schultermuskulatur, insbesondere seitlicher Anteil
★ Nacken- und hintere Oberarmmuskulatur

Ausgangsposition:
Sie sitzen aufrecht auf einem Stuhl. Die gebeugten Arme sind in der Luft, die Ellbogen weisen nach außen, so dass sich Ihr Kopf zwischen den Hanteln befindet. In den Händen halten Sie Kurzhanteln, wobei die Daumen zueinander gerichtet sind. Spannen Sie die Bauchmuskulatur an.

Übungsdurchführung:
Führen Sie gleichzeitig die Hanteln nach oben und zusammen, ohne dabei die Handhaltung zu verändern. Achten Sie darauf, dass Sie den Rücken gerade halten. Anschließend werden die Arme langsam in die Ausgangsposition zurückgebracht. Vermeiden Sie es, den Kopf vorzuschieben und Ausweichbewegungen mit den Hanteln nach vorne oder hinten zu machen.

Variante:
Sie können die Übung auch mit einer Langhantel ausführen.

K 11: Seitheben

Kräftigung:
★★ Schultermuskulatur, insbesondere seitlicher Anteil
★ Nacken- und hintere Oberarmmuskulatur

Ausgangsposition:
Sie stehen aufrecht, die Beine sind leicht gebeugt und stehen hüftbreit auseinander. Die Arme befinden sich seitlich neben dem Körper oder vor den Oberschenkeln. In den Händen halten Sie Kurzhanteln, die Handrücken sind nach außen gerichtet. Aktivieren Sie die Bauch- und die Gesäßmuskulatur und halten Sie die Handgelenke gerade.

Übungsdurchführung:
Heben Sie die Arme seitlich bis auf Schulterhöhe. Führen Sie die Übung ohne Schwung aus und achten Sie darauf, dass der Rücken gerade bleibt. Anschließend bewegen Sie die Arme langsam in die Ausgangsposition zurück. Vermeiden Sie Ausweichbewegungen mit der Schulter- oder der Nackenmuskulatur nach oben.

Variante:
Einsteiger können die Übung auch im Sitzen ausführen. Die Arme werden im 90-Grad-Winkel seitlich am Körper gehalten und bis zur Horizontalen nach oben bewegt.

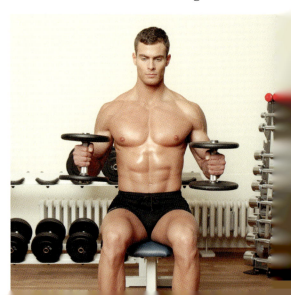

Der Nacken und die Schultern — Die Hantelübungen

K 12: Frontheben

Kräftigung:
- ★★ Schultermuskulatur, insbesondere vorderer Anteil
- ★ Nacken- und Brustmuskulatur

Ausgangsposition:
Sie stehen im Ausfallschritt oder im aufrechten Stand mit hüftbreit auseinander gestellten Beinen. Vor den Oberschenkeln halten Sie Kurzhanteln, wobei die Daumen zueinander gerichtet sind. Spannen Sie die Bauch- und die Gesäßmuskulatur an und halten Sie die Handgelenke gerade.

Übungsdurchführung:
Heben Sie die Hanteln bis auf Schulterhöhe, die Arme sind dabei nach vorne gestreckt. Die Hanteln können gleichzeitig oder abwechselnd nach oben geführt werden. Achten Sie darauf, dass Sie den Rücken gerade halten und die Übung ohne Schwung ausführen. Anschließend lassen Sie die Hanteln langsam nach unten ab, jedoch nicht zu weit, damit die Schultermuskulatur in Spannung bleibt.

Variante:
Sie können die Übung auch mit einer Langhantel ausführen.

Die Hantelübungen — Der Nacken und die Schultern

K 13: Reverse Flys

Kräftigung:
★★ hinterer Anteil der Schultermuskulatur
★ Nacken-, Rücken- und seitlicher Anteil der Schultermuskulatur

Ausgangsposition:
Aus dem aufrechten Stand beugen Sie die Beine etwas, wobei Sie das Gesäß nach hinten schieben und den Oberkörper nach vorne verlagern. In den Händen halten Sie Kurzhanteln, die Handflächen sind zueinander gerichtet. Spannen Sie die Bauch- und die Gesäßmuskulatur an und halten Sie den Rücken gerade.

Übungsdurchführung:
Heben Sie die leicht gebeugten Arme an, bis sich die Oberarme in Verlängerung der Schultern befinden. Am Bewegungsende ziehen Sie die Schulterblätter zusammen. Führen Sie die Übung ohne Schwung aus und achten Sie darauf, dass die Bauchmuskulatur in Spannung bleibt. Dann bringen Sie die Hanteln wieder langsam in die Ausgangsposition zurück. Vermeiden Sie Ausweichbewegungen mit der Schulter- oder der Nackenmuskulatur nach oben.

Variante:
Sie können die Übung auch im vorgebeugten Sitz oder in Bauchlage auf einer Hantelbank ausführen.

Der Nacken und die Schultern — Die Hantelübungen

K 14: Schulterheben

Kräftigung:
- ★★ Nackenmuskulatur
- ★ Schultermuskulatur

Ausgangsposition:
Sie stehen gerade, die Beine sind leicht gebeugt und hüftbreit auseinander. Die Arme befinden sich neben dem Körper, in den Händen halten Sie Kurzhanteln. Spannen Sie die Bauch- und die Gesäßmuskulatur an.

Übungsdurchführung:
Ziehen Sie die Schultern so hoch wie möglich, wobei die gesamte Bewegung aus den Schultern erfolgt. Vermeiden Sie es, das Gewicht durch Beugen der Arme nach oben zu bewegen. Anschließend lassen Sie die Hanteln langsam wieder in die Ausgangsposition sinken.

Variante:
Sie intensivieren die Übung, indem Sie die Schultern rückwärts kreisen. Achten Sie dabei auf gleichmäßige Atmung.

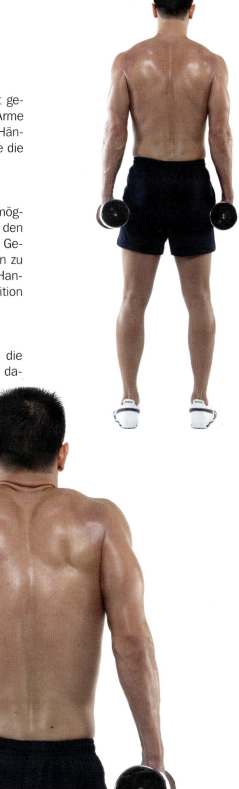

44 Die Hantelübungen Die Arme

K 15: Bizepscurl im Stand

Kräftigung:
★★ vordere Oberarmmuskulatur

Ausgangsposition:
Sie stehen aufrecht, die Beine sind leicht gebeugt und stehen hüftbreit auseinander. Vor den Oberschenkeln halten Sie eine Langhantel, die Handflächen weisen nach vorne. Die Ellbogen sind am Körper fixiert und die Schultern sind nach hinten unten gezogen. Spannen Sie die Bauch- und die Gesäßmuskulatur an.

Übungsdurchführung:
Führen Sie die Unterarme nach oben, ohne die Ellbogenposition zu verändern. In der Endposition aktivieren Sie für etwa 3 Sekunden die vordere Oberarmmuskulatur mit maximaler Kraft, wobei Sie gleichmäßig atmen. Anschließend werden die Unterarme langsam gesenkt, jedoch nicht bis zur vollen Streckung, damit die Muskulatur in Spannung bleibt. Führen Sie die Bewegung ohne Schwung aus, und vermeiden Sie es, die Handgelenke abzuknicken oder die Schultern zur Übungsvereinfachung nach vorne zu ziehen.

Variante:
Die Übung kann auch mit einer SZ-Hantelstange ausgeführt werden.
Alternativ können Sie Kurzhanteln einsetzen. In der Ausgangsposition können Sie die Kurzhanteln seitlich am Körper halten, so dass die Handflächen zueinander gerichtet sind. Heben Sie abwechselnd die Unterarme an und drehen Sie dabei die Handflächen nach oben.

K 16: Konzentrationscurl

Kräftigung:
★ ★ vordere Oberarmmuskulatur

Ausgangsposition:
Sie sitzen auf einem Stuhl, die Beine sind nach außen gespreizt. In der Hand halten Sie eine Kurzhantel, der Ellbogen ist an der Innenseite des Oberschenkels fixiert und die Handfläche weist nach vorne. Spannen Sie die Schulter nach hinten und die Bauchmuskulatur an.

Übungsdurchführung:
Führen Sie die Hantel nach oben, ohne die Position des Ellbogens zu verändern. In der Endposition aktivieren Sie für etwa 3 Sekunden die vordere Oberarmmuskulatur mit maximaler Kraft, wobei Sie gleichmäßig atmen. Anschließend wird der Unterarm langsam in die Ausgangsposition zurückgeführt. Der Arm bleibt jedoch leicht gebeugt und damit die Muskulatur in Spannung. Achten Sie auf ein gerades Handgelenk und vermeiden Sie es, zur Übungsvereinfachung die Schulter vorzuziehen.

Die Hantelübungen — Die Arme

K 17: Bizepscurl im Sitz

Kräftigung:
★★ vordere Oberarmmuskulatur

Ausgangsposition:
Sie sitzen auf einem Stuhl, die Arme hängen nach unten und sind eng am Körper. In den Händen halten Sie Kurzhanteln, die Handflächen weisen zueinander. Spannen Sie die Schultern nach hinten und die Bauchmuskulatur an.

Übungsdurchführung:
Heben Sie abwechselnd die Unterarme an, ohne die Position der Ellbogen zu verändern. Dabei wird die Handfläche nach oben gedreht. In der Endposition aktivieren Sie für etwa 3 Sekunden die vordere Oberarmmuskulatur mit maximaler Kraft, wobei Sie gleichmäßig atmen. Anschließend wird der Arm langsam in die Ausgangsposition zurück gesenkt und gleichzeitig die Aufwärtsbewegung mit dem anderen Arm vollzogen. Achten Sie darauf, dass Sie die Handgelenke stets gerade halten, und vermeiden Sie es, die Schultern vorzuziehen.

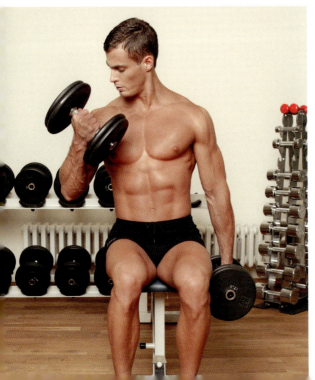
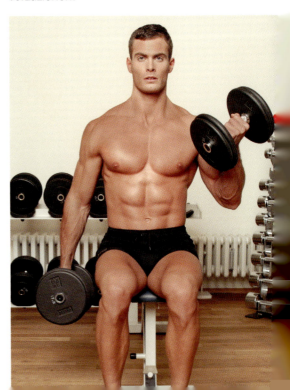

Die Arme — Die Hantelübungen 47

K 18: Arm strecken nach hinten

Kräftigung:
★★ hintere Oberarmmuskulatur

Ausgangsposition:
Sie stehen im Ausfallschritt und stützen sich mit einer Hand auf Ihren vorderen Oberschenkel. In der anderen Hand halten Sie eine Kurzhantel. Der Ellbogen ist an den Rippen fixiert, die Bauch- und die Gesäßmuskulatur sind angespannt.

Übungsdurchführung:
Strecken Sie den Unterarm, ohne den Oberarm zu bewegen und ohne Schwung zu holen. Halten Sie kurz die Endposition, bevor Sie den Unterarm langsam in die Ausgangsposition zurückbeugen. Vermeiden Sie Ausweichbewegungen mit der Schulter und ein Abknicken des Handgelenks.

Variante:
Zur besseren Stabilität können Sie sich mit der vorderen Hand auf einen Stuhl stützen. Der Oberkörper befindet sich dann in waagrechter Position.

Die Hantelübungen — Die Arme

K 19: Arme strecken im Liegen

Kräftigung:
★★ hintere Oberarmmuskulatur
★ Schultermuskulatur

Ausgangsposition:
Sie liegen auf dem Rücken auf einer Hantelbank, die Arme sind senkrecht in die Luft gestreckt. In den Händen halten Sie Kurzhanteln, wobei die Handflächen zueinander gerichtet sind. Halten Sie die Handgelenke gerade und spannen Sie die Bauchmuskulatur an.

Übungsdurchführung:
Senken Sie die Hanteln langsam hinter den Kopf, ohne die Oberarme zu bewegen. Führen Sie die Unterarme jedoch nicht weiter als bis in die Waagrechte, und achten Sie darauf, dass die Muskulatur in Spannung bleibt. Anschließend werden die Unterarme wieder nach oben gestreckt. Vermeiden Sie es, die Handgelenke abzuknicken oder die Position der Oberarme zu verändern.

Variante:
Sie können die Übung auch in Bodenlage ausführen, wenn Ihnen keine Hantelbank zur Verfügung steht.

Die Arme   Die Hantelübungen   49

K 20: Arm strecken nach oben

Kräftigung:
★★ hintere Oberarmmuskulatur
★ Schultermuskulatur

Ausgangsposition:
Sie sitzen auf einem Stuhl, ein Arm ist nach oben gestreckt und wird von dem anderen Arm gestützt. In der freien Hand halten Sie eine Kurzhantel. Spannen Sie die Bauchmuskulatur an, um den Rücken zu stabilisieren.

Übungsdurchführung:
Senken Sie die Hantel langsam hinter den Kopf, ohne dabei den Oberarm zu bewegen. Führen Sie den Unterarm jedoch nicht weiter als bis in die Waagrechte, und achten Sie darauf, dass die Muskulatur in Spannung bleibt. Anschließend wird der Arm wieder nach oben gestreckt. Vermeiden Sie es, das Handgelenk abzuknicken oder die Oberarmposition zu verändern.

Variante:
Sie können die Übung auch im Stand ausführen.

Die Hantelübungen — Der Bauch

K 21: Crunch

Kräftigung:
- ★★ vordere Bauchmuskulatur, insbesondere oberer Anteil
- ★ seitliche Bauchmuskulatur

Ausgangsposition:
Sie liegen auf dem Rücken, die Arme sind nach unten gestreckt und die Handflächen sind abgelegt. Ziehen Sie die Beine an und stellen Sie die Fersen auf. Drücken Sie die Fersen etwas auf den Boden, um ein Hohlkreuz während der Übung zu vermeiden.

Übungsdurchführung:
Heben Sie langsam den Oberkörper an und ziehen Sie gleichzeitig das Kinn leicht zur Brust. Die gesamte Bewegung erfolgt aus der Bauchmuskulatur, ohne Schwung zu holen. Die Endposition halten Sie für etwa 3 Sekunden, wobei Sie die Bauchmuskulatur mit maximaler Kraft anspannen und gleichmäßig atmen. Dann senken Sie den Oberkörper langsam nach unten, ohne ihn abzulegen, damit die Muskulatur in Spannung bleibt. Anschließend wird die Übung wiederholt.

Variante:
Zur Intensivierung der Übung können Sie eine Hantelscheibe auf dem Brustkorb halten. Fortgeschrittene können eine Hantel über dem Kopf halten und so die Übungen ausführen. Vermeiden Sie es dabei, ein Hohlkreuz zu machen.

Der Bauch — Die Hantelübungen

K 22: Seitlicher Crunch

Kräftigung:
- ★★ vordere Bauchmuskulatur, insbesondere schräger und oberer Anteil
- ★ seitliche Bauchmuskulatur

Ausgangsposition:
Sie liegen auf dem Rücken, die Beine sind angezogen und die Fersen sind aufgestellt. Senken Sie die Beine etwas zu einer Seite, um die seitliche Bauchmuskulatur in Vorspannung zu bringen. Die Hände strecken Sie zur anderen Seite, zu der Sie dann den Oberkörper aufrichten.

Übungsdurchführung:
Schieben Sie die Arme seitlich nach vorne und richten Sie den Oberkörper zur gleichen Seite auf. Die gesamte Bewegung erfolgt aus der Bauchmuskulatur, ohne Schwung zu holen. Die Endposition halten Sie für etwa 3 Sekunden, wobei Sie die Bauchmuskulatur mit maximaler Kraft anspannen und gleichmäßig atmen. Dann senken Sie den Oberkörper langsam nach unten, ohne ihn abzulegen, damit die Muskulatur in Spannung bleibt. Nach Erreichen der geplanten Wiederholungszahl führen Sie die Übung zur anderen Seite aus.

Variante:
Zur Intensivierung der Übung können Sie eine Hantelscheibe auf dem Brustkorb halten.

Die Hantelübungen — Der Bauch

K 23: Seitlicher Unterarmstütz

Kräftigung:
- ★★ seitliche Bauchmuskulatur
- ★ vordere Bauch-, äußere Oberschenkel- und Schultermuskulatur

Ausgangsposition:
Sie befinden sich in Seitenlage, der Unterarm ist unterhalb der Schulter aufgesetzt. Das Becken und das untere Bein sind auf dem Boden abgelegt. Bringen Sie Unterarm und Fuß zueinander in Spannung.

Übungsdurchführung:
Heben Sie das Becken und den Oberschenkel an, so dass nur noch die Fußaußenseite den Boden berührt. Halten Sie die Position für einige Sekunden und bewegen Sie dann das Becken nach unten, ohne es abzulegen. Anschließend wiederholen Sie die Übung. Achten Sie auf eine gleichmäßige Atmung und vermeiden Sie Ausweichbewegungen durch ein Verdrehen des Oberkörpers.

Variante:
Sie können die Übung intensivieren, indem Sie eine Kurzhantel auf dem Becken halten. Auch können Sie das obere Bein anheben und den oberen Arm über den Kopf strecken.

Die Beine und das Gesäß — Die Hantelübungen 53

K 24: Beidbeinige Kniebeuge

Kräftigung:
★★ Oberschenkelmuskulatur, insbesondere vorderer Anteil, Gesäßmuskulatur
★ Wadenmuskulatur und unterer Anteil der Rückenmuskulatur

Ausgangsposition:
Sie stehen aufrecht, die Beine sind leicht gebeugt, die Füße sind etwas weiter als schulterbreit auseinander und weisen leicht nach außen. Auf Ihren Schultern halten Sie eine Langhantel. Spannen Sie die Bauchmuskulatur an und halten Sie den Rücken gerade.

Übungsdurchführung:
Beugen Sie die Beine, bis sich die Oberschenkel etwa in waagrechter Position befinden, und schieben Sie dabei das Gesäß nach hinten. Achten Sie auf einen geraden Rücken und darauf, dass die Knie über den Füßen bleiben und nicht nach vorne oder zur Seite ausweichen. Dann strecken Sie die Beine und heben am Bewegungsende die Fersen ab. Anschließend wird die Übung wiederholt.

Variante:
Statt der Langhantel können Sie Kurzhantel neben dem Körper halten.
Wenn Sie mit sehr hohen Gewichten trainieren, verzichten Sie auf das Anheben der Fersen in der Endphase der Übung.
Einsteiger führen die Übung mit kleinerem Bewegungsradius aus.

Die Hantelübungen — Die Beine und das Gesäß

K 25: Kniebeuge im Ausfallschritt

Kräftigung:
- ★★ Oberschenkelmuskulatur, insbesondere vorderer Anteil, Gesäßmuskulatur
- ★ Wadenmuskulatur

Ausgangsposition:
Sie befinden sich im Ausfallschritt, das hintere Bein ist mit den Zehen aufgestellt. In den Händen halten Sie Kurzhanteln. Spannen Sie die Bauchmuskulatur an und halten Sie den Oberkörper gerade.

Übungsdurchführung:
Beugen Sie die Beine so weit wie möglich nach unten, ohne das Knie abzulegen und die Position der Füße zu verändern. Achten Sie darauf, dass das vordere Knie über dem Fuß bleibt und nicht nach vorne oder zur Seite ausweicht. Dann strecken Sie die Beine und wiederholen die Übung.

Variante:
Anstelle der Kurzhanteln können Sie die Übung auch mit einer Langhantel auf den Schultern ausführen.

Die Beine und das Gesäß — Die Hantelübungen 55

K 26: Einbeinige Kniebeuge

★★ Kräftigung:
Oberschenkelmuskulatur, Gesäßmuskulatur
★ Wadenmuskulatur

Ausgangsposition:
Sie stehen aufrecht, ein Fuß ist auf eine Hantelbank abgelegt. In den Händen halten Sie Kurzhanteln. Konzentrieren Sie sich auf die Belastung von Fußballen, Fußaußenkante und Ferse, um stabil zu stehen. Spannen Sie die Bauchmuskulatur an und halten Sie den Rücken gerade.

Übungsdurchführung:
Beugen Sie langsam das Standbein, bis sich der Oberschenkel etwa waagrecht befindet, und halten Sie kurz diese Position. Achten Sie auf einen geraden Rücken und darauf, dass das Knie über dem Fuß bleibt und nicht nach vorne oder zur Seite ausweicht. Dann strecken Sie das Bein und wiederholen die Übung.

Variante:
Einsteiger können sich mit einer Hand an einem Stuhl abstützen, um die Übung kontrolliert zu lernen.
Fortgeschrittene können das hintere Bein in der Luft halten. Nur weit Fortgeschrittene sollten bei einer solchen Ausführung auch noch Kurzhantel einsetzen.

Die Hantelübungen Die Beine und das Gesäß

K 27: Beckenlift

Kräftigung:
★★ hintere Oberschenkel- und Gesäßmuskulatur
★ vordere Oberschenkel- und untere Rückenmuskulatur

Ausgangsposition:
Sie liegen auf dem Rücken, die Beine sind angezogen und die Fersen sind aufgestellt. Die Winkel der Kniegelenke betragen etwa 90 Grad. Spannen Sie die Bauchmuskulatur an und die Fersen etwas in Richtung Gesäß.

Übungsdurchführung:
Drücken Sie die Fersen fest in den Boden und heben Sie das Becken so weit hoch, bis Oberschenkel und Rücken in einer Linie sind. Nun senken und heben Sie das Becken mehrfach, ohne es abzulegen. Dabei muss auf eine gleichmäßige Atmung geachtet werden und darauf, dass die Bauchmuskulatur angespannt bleibt.

Variante:
Zur Intensivierung können Sie eine Hantelscheibe oder eine Kurzhantel auf den Bauch legen, wobei Sie diese mit den Händen fixieren.
Fortgeschrittene können die Übung einbeinig ausführen.

Die Beine und das Gesäß　　Die Hantelübungen

K 28: Bein anziehen

Kräftigung:
★ ★ innere Oberschenkelmuskulatur

Ausgangsposition:
Sie befinden sich in Seitenlage, das untere Bein ist gestreckt abgelegt und das obere vor dem Körper aufgestellt. Mit dem unteren Arm können Sie den Kopf stützen, was jedoch nicht zwingend erforderlich ist. Der obere Arm ist vor dem Körper aufgestellt, um die Position zu fixieren. Spannen Sie die Bauch- und die Gesäßmuskulatur an.

Übungsdurchführung:
Heben Sie das untere Bein so hoch wie möglich und halten Sie kurz die Endposition. Das Bein wird dabei gestreckt und der Fuß parallel zum Boden gehalten. Anschließend senken Sie das Bein, ohne es abzulegen, und wiederholen die Übung. Achten Sie darauf, die Bewegung möglichst gleichmäßig auszuführen.

Variante:
Sie können die Übung intensivieren, indem Sie Fußgelenksgewichte verwenden.
Auch können Sie eine Kurzhantel auf den zu trainierenden Oberschenkel legen, wobei Sie die Hantel mit der Hand fixiert halten. Hohe Gewichte sind hierzu jedoch nicht geeignet, da der Druck auf dem Oberschenkel schmerzt.

Die Hantelübungen — Die Beine und das Gesäß

K 29: Bein abspreizen

Kräftigung:
★★ äußere Oberschenkelmuskulatur
★ Gesäßmuskulatur

Ausgangsposition:
Sie befinden sich in Seitenlage, das untere Bein ist leicht gebeugt und das obere Bein gestreckt abgelegt. Mit dem unteren Arm können Sie den Kopf stützen, was jedoch nicht zwingend erforderlich ist. Der obere Arm ist vor dem Körper aufgestellt, um die Position zu fixieren. Spannen Sie die Bauch- und die Gesäßmuskulatur an.

Übungsdurchführung:
Heben Sie das obere Bein weit an, wobei die Ferse lang gestreckt ist und der Fuß parallel zum Boden bleibt. Dann wird das Bein langsam nach unten geführt, ohne es abzulegen, und schließlich die Übung wiederholt. Achten Sie auf eine gleichmäßige Bewegungsausführung.

Variante:
Sie können die Übung intensivieren, indem Sie Fußgelenksgewichte verwenden.
Auch können Sie eine Kurzhantel auf den zu trainierenden Oberschenkel legen, wobei Sie die Hantel mit der Hand fixiert halten. Hohe Gewichte sind hierzu jedoch nicht geeignet, da der Druck auf dem Oberschenkel schmerzt.

Die Beine und das Gesäß — Die Hantelübungen 59

K 30: Fersen anheben

Kräftigung:
★★ Wadenmuskulatur

Ausgangsposition:
Sie stehen gerade auf einem Stepper oder auf einer Treppenstufe, die Füße sind hüftbreit auseinander und nach vorne gerichtet. Die Arme hängen neben dem Körper, in den Händen halten Sie Kurzhanteln. Spannen Sie die Bauch- und die Gesäßmuskulatur an.

Übungsdurchführung:
Bewegen Sie die Fersen so hoch wie möglich und halten Sie für etwa 3 Sekunden die Position. Dann senken Sie die Fersen, ohne sie abzusetzen, und wiederholen die Übung.

Variante:
Sie können die Übung auch auf dem Boden ausführen. Dann haben Sie aber wenig Bewegungsspielraum, denn die Fersen dürfen beim Absenken nicht auf dem Boden abgestellt werden, damit die Muskulatur in Spannung bleibt.
Fortgeschrittene können die Übung einbeinig ausführen.

Die Trainingsstunde

Das Hanteltraining, wie auch jede andere Form des Fitnesstrainings, beinhaltet die Phasen Warm-up, Hauptteil und Cool-down.
Beim Warm-up wird der Körper aufgewärmt und dann gedehnt, um ihn auf das Training vorzubereiten.
Der Hauptteil des Trainings umfasst Übungen zur Körperkräftigung. Führen Sie jede Übung erst einige Male mit geringem Hantelgewicht aus, bevor Sie dann das Trainingsgewicht einsetzen.
Das Training endet mit dem Cool-down. In dieser Phase wird die Muskulatur durch eine Betätigung mit geringer Intensität abgewärmt. Ebenso werden Dehnübungen für die beanspruchte Muskulatur ausgeführt.

Die in der folgenden Tabelle angebotenen Zeitvorschläge dienen als Orientierungshilfen. Passen Sie die Angaben an Ihre eigenen Bedürfnisse und an Ihren Leistungsstand an. Möchten Sie beispielsweise Ihre Beweglichkeit gezielt verbessern, können Sie das Dehnprogramm intensivieren. Sie müssen sich aber vor jedem Haupttrainingsteil aufwärmen und dehnen, und anschließend das Training mit dem der Cool-down-Phase beenden.

Intensive Kräftigungsübungen erfordern gründliches Aufwärmen.

Die Trainingsstunde

Trainingsphasen

1. **Warm-up**　　　　　　　　　　**Dauer: mindestens 15 Minuten**
   - Aufwärmen
     Übung zum Aufwärmen des Körpers
   - Dehnen
     Vorbereitendes Dehnen der Muskulatur

2. **Hauptteil**　　　　　　　　　　**Dauer: 30-90 Minuten**
   - Vorbereitungssatz vor jeder Übung mit geringem Gewicht
   - Hanteltraining

3. **Cool-down**　　　　　　　　　　**Dauer: mindestens 10 Minuten**
   - Abwärmen
     Ausführen der Aufwärmübung mit geringer Intensität
   - Stretching
     Leichtes Dehnen der trainierten Muskulatur zur Regeneration

---

Die Trainingsphasen

Das Hanteltraining enthält die Phasen „Warm-up", „Hauptteil" und „Cool-down". Die Dauer der Trainingsphasen ist abhängig von Schwerpunkt, Gesamtdauer und Intensität des Trainings.

Warm-up

In der Warm-up-Phase bereiten Sie Ihren Körper auf das Training vor. Dazu müssen Sie sich zuerst aufwärmen und sich dann dehnen. Der Körper wird so leistungsfähiger und ist weniger anfällig für Verletzungen.

Aufwärmen
Sie beginnen das Training mit einer Betätigung, die den Körper aufwärmt und auf die Belastung vorbereitet. Wählen Sie eine Übung, die sich in gleichmäßiger Geschwindigkeit durchführen lässt. Die Bewegungen werden für die Dauer von 5-10 Minuten ausgeführt. Sie sollten dabei nicht außer Atem kommen. Vermeiden Sie Extremsituationen und führen Sie keine schnellen, ruckartigen Bewegungen aus. In dieser Phase geht es darum, den Körper auf das Training einzustimmen, und nicht bereits Leistung zu erbringen.

Sie können sich beispielsweise mit langsamem Laufen aufwärmen. Beim Training zuhause bietet es sich an, auf der Stelle zu gehen oder zu laufen. Als Trainingsgeräte können Sie in dieser Phase Radergometer, Sprungseil oder Stepper nutzen.

Dehnen
Nachdem Sie Ihren Körper aufgewärmt haben, beginnen Sie mit den Dehnübungen. Am besten dehnen Sie alle Muskelgruppen und die Schwachstellen intensiv. Um die Trainingsdauer zu verkürzen, genügt es auch, diejenigen Muskelgruppen zu dehnen, die im Trainingshauptteil gefordert werden. Ohne vorheriges Dehnen besteht das Risiko, dass Sie sich im Training verletzen. Außerdem ist sonst der Körper nicht optimal auf die bevorstehende Aktivität vorbereitet und kann keine Höchstleistungen erbringen.

Für das vorbereitende Dehnen einzelner Muskelgruppen sollten Sie eine Dauer von mindestens 5 Minuten vorsehen. Sie können diese Phase jedoch beliebig verlängern, insbesondere dann, wenn Sie Ihre Beweglichkeit gezielt verbessern möchten.

Die Trainingsstunde 63

Hauptteil

Auf die Warm-up-Phase folgt der Hauptteil des Fitnesstrainings. Beginnen Sie jede Hantelübung mit einem Aufwärmsatz. Nutzen Sie dazu ein deutlich geringeres Gewicht als in den Übungssätzen. Wenn Sie nach der Kraftausdauer-Methode mit geringem Gewicht trainieren, ist der Aufwärmsatz nicht unbedingt notwendig. Betreiben Sie hingegen Schnellkraft- oder Maximalkraft-Training, sind sogar mehrere Aufwärmsätze sinnvoll, um sich auf die Belastung vorzubereiten.

Einsteiger trainieren nach der Kraftausdauer-Methode. Führen Sie viele Wiederholungen der Übungen mit geringem Gewicht aus. Es geht darum, den Körper an die neuen Bewegungen zu gewöhnen. Auch muss gelernt werden, sich auf die Zielmuskulatur zu konzentrieren, um optimale Ergebnisse zu erreichen.
Leicht Fortgeschrittene und Fortgeschrittene können abhängig vom Trainingsziel zwischen den Methoden „Kraftausdauer" und „Muskelaufbau" wählen.
Ambitionierte Fitnesssportler und Leistungssportler können auch die Schnellkraft-Methode und die Maximalkraft-Methode nutzen, um Leistungsfortschritte zu erzielen (siehe S. 17-19).

Cool-down

In der Cool-down-Phase wird das Training mit dem Abwärmen des Körpers und einigen Dehnübungen für die beanspruchte Muskulatur abgeschlossen. Zusätzlich bieten sich Maßnahmen zur Erholung an, wie Massagen und Baden in warmem Wasser. Dies hilft dem Körper zu entspannen und Verhärtungen abzubauen und beschleunigt somit die Regeneration. Planen Sie nach einer intensiven Trainingseinheit auch eine Stunde mehr Schlaf als üblich ein, die der Körper zur Erholung benötigt.

Abwärmen

Nach einer Trainingseinheit sollten Sie sich abwärmen, um die Muskulatur zu lockern. Außerdem hilft dies dem Körper, schnell zu regenerieren. Bewegen Sie sich dazu in einem langsamen Tempo einige Minuten lang, ohne sich anzustrengen. Gut eignen sich hierfür Walken, langsames Laufen und Radfahren mit geringer Intensität. Führen Sie diese Übung für eine Dauer von etwa 5 Minuten aus.

Dehnen

Zum Abschluss des Fitnesstrainings dehnen Sie die beanspruchte Muskulatur noch einmal. Bewegen Sie sich dabei in keine extremen Dehnpositionen, da die Muskulatur ermüdet ist und deshalb zu Krämpfen neigt. Dehnen Sie sich auch nur in der ersten Dehnphase und erweitern danach die Position nicht mehr (siehe S. 64-65). Das Dehnen am Trainingsende dient dazu, Verspannungen in der Muskulatur zu lösen, und zu verhindern, dass sich die Muskulatur verkürzt.

Das Dehnen

Der Begriff „Dehnen" umfasst das gezielte Ausführen von Übungen zur Verbesserung der Beweglichkeit. In diesem Buch wird darunter das langsame Einnehmen einer Position verstanden, bei der man einen leichten Dehnreiz in der Muskulatur spürt. In dieser Position wird dann durch das Ausführen der Dehnmethoden „Entspannen – Erweitern" oder „Anspannen – Entspannen – Erweitern" der Dehnreiz verringert und dadurch die Beweglichkeit vergrößert.
In diesem Abschnitt erfahren Sie die Grundlagen zum Dehnen und die wichtigsten Übungen. Wenn Sie sich ein Dehnprogramm aus diesen Übungen zusammenstellen, empfiehlt es sich, für jede große Muskelgruppe zumindest eine Dehnübung einzufügen (siehe S. 14-17). Um die Vorbereitungszeit vor dem Krafttraining zu verkürzen, genügt es auch, nur die Muskelgruppen zu dehnen, die anschließend vorrangig trainiert werden. Weite-

Die Trainingsstunde

re Beispiele für Dehnprogramme finden Sie in dem Buch „Best Stretching – Dehnübungen für alle Sportarten" (Delp 2005).

Dehnmethoden

Die Dehnübungen in diesem Buch können nach den Methoden „Entspannen – Erweitern" und „Anspannen – Entspannen – Erweitern" ausgeführt werden. Testen Sie beide Varianten und nutzen Sie langfristig diejenige, bei der Ihnen die Muskelentspannung am besten gelingt. Beide Methoden sind effektiv, welche sich aber am besten für Sie eignet, hängt von Ihrem eigenen Empfinden ab. Testen Sie aber von Zeit zu Zeit auch wieder die Anwendung der anderen Variante.

1. Methode „ Entspannen – Erweitern" (Leichtes und fortschreitendes Dehnen)

Diese Dehnmethode wurde von Bob Anderson verbreitet. Darin wird das Dehnen in zwei Phasen unterteilt: das leichte und das fortschreitende Dehnen (vgl. Anderson 1996, S. 16-20). Achten Sie beim Ausführen der Übungen darauf, dass Sie gleichmäßig atmen, sich auf die zu dehnende Muskulatur konzentrieren und diese entspannen.

In der **ersten Dehnphase** nehmen Sie vorsichtig eine Position ein, in der Sie einen leichten Dehnreiz spüren. Halten Sie diese Stellung für einige Sekunden und entspannen Sie bewusst den Muskel. Über die exakte Dauer gibt es verschiedene Auffassungen. Der Autor empfiehlt Ungeübten, lautlos auf 20 Sekunden zu zählen, und so lange in der Stellung zu bleiben. Mit fortschreitender Dehnerfahrung orientieren Sie sich an dem eigenen Körperempfinden und nicht mehr an der Zeitdauer. Die Dehnspannung sollte nach kurzer Zeit etwas nachlassen. Auch wenn Sie das nicht spüren, sollten Sie sich in der Position wohlfühlen und entspannen können. Ist dies nicht der Fall, müssen Sie etwas nachgeben und die Spannung verringern.

In der **zweiten Dehnphase** intensivieren Sie die Position, bis Sie einen erneuten Reiz spüren. Anschließend halten Sie diese Stellung für etwa 20 Sekunden. Auch die erweiterte Position müssen Sie als angenehm empfinden, ansonsten müssen Sie diese korrigieren.

Zum Abschluss bewegen Sie sich vorsichtig aus der Dehnposition heraus.

Dehnungsdurchführung:
- Bringen Sie den Muskel langsam in eine Position, in der Sie einen leichten Dehnreiz spüren.
- Halten Sie ihn etwa 20 Sekunden in dieser Stellung (1. Phase).
- Erweitern Sie die Dehnung, bis Sie eine erneute Spannung spüren. Halten Sie auch diese Stellung etwa 20 Sekunden (2. Phase).
- Lösen Sie sich vorsichtig aus der Dehnung.

2. Methode „Anspannen – Entspannen – Erweitern"

Diese Dehnmethode kann von Fortgeschrittenen genutzt werden, die bereits ein umfangreiches Muskelgefühl entwickelt haben. Es gibt einige ähnliche Varianten mit unterschiedlichen Zeitangaben, aber auch Kombinationen dieser Methode mit anderen, welche beispielsweise in der Rehabilitation von Sportverletzungen genutzt werden. Die folgende Dehnmethode hat sich dem Autor, ebenso wie zahlreichen seiner Trainingspartner aus dem professionellen Fitness- und Kampfsportbereich, bei jahrelangen Tests als am wirkungsvollsten gezeigt.

Mit dem „Anspannen – Entspannen – Erweitern" lassen sich besonders gut Verkürzungen und Verkrampfungen von Muskeln beseitigen. Leistungssportler nutzen es häufig zur gezielten Beweglichkeitsverbesserung. Außerdem können Geübte durch den Einsatz dieser Methode die Aufwärmphase im Training verkürzen, da durch die Anspannung die Durchblutung gesteigert und somit die Muskulatur erwärmt wird. Nach dem Training darf diese Methode jedoch nur sehr vorsichtig angewendet werden, um Muskelkrämpfe zu vermeiden.

In der **ersten Dehnphase** bewegen Sie sich vorsichtig in eine Position, in der Sie einen leichten Dehnreiz spüren. Spannen Sie den zu dehnenden Muskel mit mittlerer Intensität gegen einen Widerstand, ohne die Position zu verändern. Je nach Ausgangsstellung kann es sich beispielsweise um eine Wand, einen Boden oder einen Trainingspartner handeln. Die Spannung kann aber auch gegen einen imaginären Widerstand erfolgen. Es gibt unterschiedliche Auffassungen darüber, wie lange und mit welcher Intensität das Anspannen ausgeführt werden soll. Es wird beispielsweise die Meinung vertreten, dass die Anspannung über 1-2 Sekunden mit voller Intensität auszuführen ist. Dies führt aber zu hoher Verletzungsgefahr und außerdem ist es schwierig, in so kurzer Zeit den Muskel vollständig zu aktivieren. Der Autor empfiehlt eine Anspannungsdauer von etwa 5 Sekunden mit mittlerer Intensität. Anschließend entspannen Sie den aktivierten Muskel für etwa 1-3 Sekunden, wobei die genaue Dauer davon abhängig ist, wie schnell Ihnen die Entspannung gelingt.

In der **zweiten Dehnphase** intensivieren Sie die Position, bis Sie einen erneuten Reiz spüren. Dann halten Sie diese Stellung kurz, bevor Sie den zu dehnenden Muskel wieder anspannen und entspannen und die Position erweitern. Dieser Vorgang sollte mindestens einmal, kann aber auch häufiger ausgeführt werden. Bei jedem Durchgang wird die mögliche anschließende Erweiterung der Dehnposition geringer, bis schließlich nahezu keine mehr erkennbar ist.

Dehnungsdurchführung:

1. Bringen Sie den Muskel langsam in eine Position, in der Sie einen leichten Dehnreiz spüren.
2. Spannen Sie den zu dehnenden Muskel etwa 5 Sekunden mit mittlerer Intensität gegen einen realen oder imaginären Widerstand, ohne die Gelenkstellung zu verändern (1. Phase).
3. Entspannen Sie den Muskel etwa 1-3 Sekunden, ohne die Position zu verlassen.
4. Erweitern Sie die Dehnung, bis Sie einen erneuten Reiz spüren, und halten Sie diese Stellung für wenige Sekunden (2. Phase).
5. Anschließend führen Sie erneut die 1. Phase aus.
6. Lösen Sie sich vorsichtig aus der Dehnung.

Die Trainingsstunde

Anspannen der Muskelgruppe

Machen Sie sich bewusst, wo genau der Dehnreiz erfolgt. Spannen Sie nun die gereizte Muskelgruppe an. Die Spannung erfolgt entgegen der Richtung, in die der Körper bewegt wird. Eine tatsächliche Bewegung des Gelenks erfolgt aber nicht. Wenn Sie stattdessen beim Anspannen den Körper in Richtung der Ausgangsposition zurückbewegen, ist es anschließend nicht möglich, eine Erweiterung der Dehnposition vorzunehmen.

D 1: Spannen Sie den Arm nach vorne.

D 2: Spannen Sie den Arm gegen den Boden.

D 3: Spannen Sie die Schultern nach unten.

D 4: Spannen Sie den Oberkörper nach unten und die Knie gegeneinander.

D 5: Spannen Sie den gestreckten Arm entgegen der Oberkörperbewegung. (Dazu können Sie mit dem hängenden Arm das Handgelenk des nach oben gestreckten Armes fassen.)

D 6: Spannen Sie die Arme gegen die Unterschenkel und die untere Rückenmuskulatur nach hinten. (Dazu greifen Sie mit den Armen von unten die Unterschenkel.)

D 7: Spannen Sie den Kopf gegen die ziehende Handfläche.

D 8: Spannen Sie den Ellbogen gegen die schiebende Hand.

D 9: Spannen Sie die Schulterblätter auseinander.

D 10: Spannen Sie den Ellbogen in die schiebende Hand (1. Position). Spannen Sie die Arme auseinander (2. Position).

D 11: Spannen Sie den Körper gegen den Boden.

D 12: Spannen Sie die Hände gegen den Boden.

D 13: Spannen Sie die Ferse gegen den Boden.

D 14: Spannen Sie die gestreckten Beine nach hinten und den unteren Rücken nach oben (Im Stand). Spannen Sie die gestreckten Beine nach unten und den unteren Rücken nach hinten (Im Sitz).

D 15: Spannen Sie den Fuß gegen die haltende Hand.

D 16: Spannen Sie das Bein gegen die haltenden Hände.

D 17: Spannen Sie die Ferse des nach vorne gestreckten Beins gegen den Boden.

D 18: Spannen Sie die Beininnenseiten gegen den Boden.

D 19: Spannen Sie das Knie gegen die haltenden Hände (1. Position). Spannen Sie den Ellbogen gegen die Knieaußenseite (2. Position).

D 20: Spannen Sie den Fuß gegen das angezogene Knie.

Regeln

Vor der Durchführung intensiver Dehnübungen sollten Sie sich grundsätzlich zuerst aufwärmen (siehe S. 62-63). Zum Lösen einzelner Verspannungen, beispielsweise im Büro, können Sie sich aber auch ohne vorheriges Aufwärmen dehnen. Vermeiden Sie dann aber extreme Dehnpositionen.

Nehmen Sie eine stabile Ausgangsposition ein, damit Sie sich vollständig auf die Dehnung konzentrieren können. Besonders bei einer hohen Dehnintensität kann ein unsicherer Stand dazu führen, dass Sie die optimale Position überschreiten und sich verletzen. Bewegen Sie sich langsam und vorsichtig, um die richtige Dehnposition zu finden. Ruckartige Bewegungen können zu Verletzungen

Die Trainingsstunde

führen. Lösen Sie sich anschließend ebenso vorsichtig wieder aus der Dehnposition.

Das eigene Leistungsvermögen entscheidet über die Dehnposition. Versuchen Sie nicht, die gleiche Dehnposition wie Ihr Trainingspartner oder wie die Darsteller im Buch einzunehmen, sondern orientieren sich an Ihrem eigenen Empfinden, denn die körperlichen Voraussetzungen sind von Mensch zu Mensch unterschiedlich. Außerdem werden Sie bald feststellen, dass auch Ihre eigene Muskelspannung von Tag zu Tag unterschiedlich ausfällt. Sie dürfen deshalb niemals versuchen, eine Dehnposition mit Gewalt zu erreichen. Bei Schmerzen müssen Sie umgehend die Dehnposition verringern, da sich der Muskel ansonsten weiter verhärtet, statt sich zu lockern. Nur wenn Sie den entspannten Muskel langsam an die neue Dehnposition gewöhnen und dies regelmäßig üben, wird sich Ihre Beweglichkeit spürbar verbessern.

Wenn Sie die richtige Dehnposition gefunden haben, konzentrieren Sie sich auf den zu dehnenden Muskel. Entspannen Sie ihn (Dehnmethode „Entspannen – Erweitern") beziehungsweise spannen Sie ihn erst an, bevor Sie ihn entspannen (Dehnmethode „Anspannen – Entspannen – Erweitern").

Atmen Sie während des Entspannens langsam und gleichmäßig und achten Sie zugleich darauf, wie die Spannung im Muskel nachlässt. Erweiterungen der Dehnposition werden während des Ausatmens vorgenommen.

Um Ihre Beweglichkeit langfristig zu erhalten und zu verbessern, müssen Sie sich regelmäßig dehnen. Wenden Sie mindestens zweimal wöchentlich Ihre Übungen an und vermeiden Sie lange Unterbrechungen zwischen den Dehntagen. Ein zeitlicher Mindestabstand zwischen zwei Dehntagen muss nicht eingehalten werden, da das Dehnen den Körper regeneriert und nicht beansprucht.

> **Durchführung der Übungen**
> Die Pfeile auf den Übungsbildern zeigen die Bewegungsrichtung. In der Ausgangsposition nehmen Sie die Position ein, in der Sie einen leichten Dehnreiz spüren. Wenden Sie nun eine der vorgestellten Dehnmethoden an (siehe S. 64-65). Die Anspannung der Muskulatur nach der Methode „Anspannen – Entspannen – Erweitern" wird entgegen der Bewegungsrichtung ausgeführt. Auch wenn eine Übung nur zu einer Seite beschrieben ist, werden immer beide Körperseiten gedehnt.

68　Die Trainingsstunde　　Die Brust

D 1: Gestreckten Arm dehnen

Diese Übung dehnt die Brust-, die vordere Oberarm- und die vordere Schultermuskulatur.

Sie stehen seitlich neben einem hohen Gegenstand, z. B. einer Wand, und drücken den gestreckten Arm in waagrechter Haltung mit der Handfläche dagegen. Bewegen Sie das innere Bein etwas nach vorne und drehen Sie zugleich den Oberkörper nach vorne, bis Sie einen leichten Dehnreiz in der Brustmuskulatur spüren.

Wenn Sie die Hand mit der Handinnenseite statt mit der Handfläche anlegen, wird die vordere Oberarmmuskulatur etwas stärker gedehnt. Sie können die Übung auch mit gebeugtem Arm ausführen, um vorwiegend die Brustmuskulatur zu dehnen.

D 2: Gestreckten Arm seitlich ablegen

Diese Übung dehnt die Brust-, die vordere Oberarm- und die vordere Schultermuskulatur.

Sie knien auf dem Boden, ein Arm ist seitlich abgelegt. Mit dem anderen, gebeugten Arm stützen Sie den Oberkörper. Senken Sie die Schulter, bis Sie einen leichten Dehnreiz spüren.

Sie dehnen unterschiedliche Bereiche der Brustmuskulatur, wenn Sie den Arm etwas tiefer oder höher ablegen.

D 3: Arme und Oberkörper nach vorne und nach oben strecken

Diese Übung dehnt die obere Rückenmuskulatur, die äußere Arm-, die Schulter-, die Handgelenks- und Fingerbeugemuskulatur.
Sie stehen aufrecht, die Hände halten Sie vor dem Körper, die Finger sind ineinander gelegt. Strecken Sie zuerst die Arme nach vorne und drehen gleichzeitig die Handinnenflächen vom Körper weg. Führen Sie dann die Arme gestreckt nach oben. Dabei strecken Sie den Körper, bis Sie einen leichten Dehnreiz spüren.

D 4: In Rückenlage gebeugte Beine zur Seite legen

Diese Übung dehnt die seitliche Bauch- und die untere Rückenmuskulatur.
Sie liegen auf dem Rücken mit seitlich nach oben gestreckten Armen und angezogenen Beinen. Bewegen Sie nun die Beine zu einer Seite, bis Sie einen leichten Dehnreiz spüren.
Sie intensivieren die Übung, indem Sie die Knie weiter zum Oberkörper ziehen.

D 5: Oberkörper seitlich abknicken

Diese Übung dehnt die seitliche Brust- und die Rückenmuskulatur.
Sie stehen aufrecht, die Beine sind etwa hüftbreit auseinander. Strecken Sie einen Arm in die Luft und beugen Sie dann den Oberkörper zur anderen Seite, bis Sie einen leichten Dehnreiz spüren. Achten Sie darauf, dass Sie mit dem Oberkörper auf einer Linie bleiben und nicht mit dem Becken zur Seite ausweichen.
Gut kontrolliert lässt sich die Übung ausführen, wenn Sie sich an einem Gegenstand mit dem äußeren, über den Kopf geführten Arm festhalten, z. B. an einer Sprossenwand. Bewegen Sie nun die Hüfte langsam nach außen, von der Sprossenwand weg, bis Sie eine Dehnspannung spüren.

D 6: Oberkörper vorziehen

Diese Übung dehnt die Rücken-, die Schulter-, die Nacken- und die Gesäßmuskulatur.
Sie sitzen auf dem Boden mit angestellten Beinen. Bewegen Sie den Oberkörper nach vorne und schieben Sie das Becken vor, bis Sie einen leichten Dehnreiz spüren. Dazu können Sie mit den Armen von unten die Unterschenkel umfassen und sich mit den Händen vorziehen.
Die Übung kann auch im Sitzen auf einem Stuhl oder im Stand mit gebeugten Beinen ausgeführt werden.

Der Nacken und die Schulter — Die Trainingsstunde

D 7: Kopf zur Seite neigen

Diese Übung dehnt die Hals- und Nackenmuskulatur.
Sie stehen aufrecht und der Kopf ist zur rechten Seite abgelegt. Ziehen Sie langsam den linken Arm nach unten, bis Sie einen leichten Dehnreiz in der linken Nackenseite spüren. Halten Sie diese Position und entspannen Sie Ihre Muskulatur. Dabei atmen Sie gleichmäßig weiter. Wenn die Dehnspannung nach einigen Sekunden nachlässt, greifen Sie mit dem rechten Arm über den Kopf und ziehen ihn mit der Handfläche nach unten, bis Sie einen erneuten Reiz spüren. Vermeiden Sie es dabei, die linke Schulter hochzuziehen.

D 8: Arm am Kopf vorbei seitlich nach hinten drücken

Diese Übung dehnt die mittlere und die hintere Schultermuskulatur, die hintere Oberarm- und die obere Rückenmuskulatur.
Sie stehen aufrecht und halten den rechten Arm in Schulterhöhe vor dem Körper. Mit der linken Hand fassen Sie oberhalb des Ellbogens und schieben so den rechten Arm am Kopf vorbei seitlich nach hinten, bis Sie einen leichten Dehnreiz spüren.

D 9: Schulterblätter greifen

Diese Übung dehnt die Schulter- und die obere Rückenmuskulatur.
Sie stehen aufrecht und führen die Hände gekreuzt in Richtung der Schulterblätter, bis Sie einen leichten Dehnreiz spüren. Die Oberarme bleiben dabei in waagrechter Position. Geübte halten sich an den Schulterblatträndern fest.
Die Übung wird intensiviert, wenn Sie den Schultergürtel etwas nach vorne unten ziehen.

D 10: Hände greifen einander hinter dem Kopf

Diese Übung dehnt die Schulter-, die Arm-, die Brust- und die obere Rückenmuskulatur.
Sie stehen aufrecht, der rechte Unterarm hängt hinter dem Kopf nach unten, wobei sich der Oberarm etwa in senkrechter Position befindet. Legen Sie die linke Hand auf den rechten Ellbogen und schieben Sie so den Arm gerade nach unten, bis Sie einen leichten Dehnreiz spüren.
Nachdem Sie in der ersten Position gedehnt haben, halten Sie den rechten Arm in dieser Stellung. Den linken Unterarm führen Sie hinter dem Rücken von unten nach oben, bis Sie einen erneuten Dehnreiz spüren. Fortgeschrittenen gelingt es, dass sich beide Hände greifen.

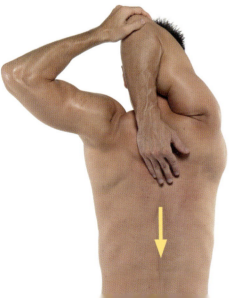

Der Bauch **Die Trainingsstunde** 73

D 11: Arme und Beine in Rückenlage strecken

Diese Übung dehnt die gesamte Bauchmuskulatur.
Sie befinden sich in Rückenlage, die Arme sind über dem Kopf abgelegt. Strecken Sie die Arme und Beine vom Rumpf weg, bis Sie einen leichten Dehnreiz spüren.
Um die schräge Bauchmuskulatur intensiv zu dehnen, strecken Sie den linken Arm und gleichzeitig das rechte Bein. Lassen Sie den rechten Arm und das linke Bein entspannt.

D 12: Oberkörper nach oben drücken

Diese Übung dehnt die gesamte Bauchmuskulatur. Trainierende mit Rückenproblemen sollten diese Übung nur nach Rücksprache mit ihrem Arzt ausführen.
Sie befinden sich in Bauchlage. Die Hände sind schulterbreit vor dem Kopf aufgesetzt und der Oberkörper ist abgelegt. Heben Sie den Oberkörper an, bis Sie einen leichten Dehnreiz in der Bauchmuskulatur spüren. Halten Sie diese Position, indem Sie sich auf die Unterarme stützen.
Fortgeschrittene heben den Oberkörper so weit an, dass sie dabei die Arme durchstrecken können.

D 13: Wadendehnung abwechselnd mit gestrecktem und gebeugtem Bein

Diese Übung dehnt die gesamte Wadenmuskulatur.
Aus dem geraden Stand machen Sie einen Schritt mittlerer Größe nach vorne, wobei Sie die Hüfte mit nach vorne schieben. Die Füße sind gerade nach vorne gerichtet, das hintere Bein ist leicht gebeugt und dessen Ferse angehoben. Nun strecken Sie das hintere Bein langsam durch und schieben gleichzeitig die Ferse in Richtung Boden, bis Sie einen leichten Dehnreiz in der Wadenmuskulatur spüren.
Nachdem Sie in der ersten Position gedehnt haben, beugen Sie das Knie des hinteren Beines so weit, bis Sie eine Dehnung im unteren Wadenbereich und in der Achillessehne spüren. Die Ferse bleibt dabei auf dem Boden.

D 14: Oberkörper vorbeugen

Diese Übung dehnt die hintere Oberschenkel-, die Rücken- und die Wadenmuskulatur.
Im Stand: Sie stehen gerade, die Füße sind eng beieinander und die Knie sind durchgedrückt. Bewegen Sie nun langsam den Oberkörper in Richtung Boden, bis Sie einen leichten Dehnreiz spüren.
Im Sitz: Sie sitzen mit gestreckten Beinen auf dem Boden. Schieben Sie die Hüfte und gleichzeitig den Oberkörper nach vorne, bis Sie einen leichten Dehnreiz spüren. Bewegen Sie sich dabei, als würden Sie am Brustbein nach vorne gezogen werden. Anschließend können Sie die Zehen anziehen, um die Dehnung der Wadenmuskulatur zu verstärken.

Die Beine und das Gesäß Die Trainingsstunde 75

D 15: Unterschenkel anziehen

Diese Übung dehnt die Hüftbeuge- und die vordere Oberschenkelmuskulatur.
Sie befinden sich in Seitenlage. Stützen Sie den Kopf mit der Hand oder legen Sie ihn auf den unteren Arm ab. Bringen Sie ein Bein aus eigener Kraft so weit wie möglich zum Gesäß. Greifen Sie den Fuß und ziehen Sie ihn in Richtung Gesäß, bis Sie einen leichten Dehnreiz spüren. Drücken Sie dabei bewusst die Hüfte nach vorne.
Sie können die Übung auch im Stand machen. Dazu können Sie sich an einem Gegenstand abstützen, um das Gleichgewicht zu halten. Nach einigen Trainingswochen führen Sie dann die Übung ohne Abstützen aus und trainieren so auch Ihre Koordination.

D 16: Bein in der Luft strecken

Diese Übung dehnt die hintere Oberschenkel-, die Gesäß- und die Wadenmuskulatur.
Sie liegen auf dem Rücken und ziehen ein Bein gebeugt in der Luft zum Körper. Fassen Sie es von vorne und ziehen Sie es weiter, bis Sie einen leichten Dehnreiz spüren. Das andere Bein bleibt auf dem Boden liegen. Wenn Sie es dort nicht halten können, ist die Hüftbeugemuskulatur verkürzt. Drücken Sie das Bein in diesem Fall bei der gesamten Übungsausführung aktiv nach unten. Zusätzlich sollte die verkürzte Muskulatur in den nächsten Trainingseinheiten besonders intensiv gedehnt werden.
Nachdem Sie sich in der ersten Position gedehnt haben, bewegen Sie das Bein etwas nach unten und greifen nun unterhalb der Kniekehle. Stabilisieren Sie den Oberschenkel in dieser Position und bewegen Sie den Unterschenkel nach oben, bis Sie eine Dehnspannung spüren.

Die Trainingsstunde — Die Beine und das Gesäß

D 17: Oberkörper zu aufgelegtem Bein vorbeugen

Diese Übung dehnt die hintere Oberschenkel-, die Waden- und die Rückenmuskulatur.
Aus dem geraden Stand stellen Sie ein Bein etwas nach vorne und beugen das hintere Bein ein wenig. Schieben Sie nun die Hüfte nach vorne und bewegen Sie gleichzeitig den Oberkörper vor, bis Sie einen leichten Dehnreiz spüren.

D 18: Grätschstand

Diese Übung dehnt die innere und die hintere Oberschenkel- sowie die Wadenmuskulatur.
Aus dem aufrechten Stand spreizen Sie die Beine, bis Sie eine leichte Dehnspannung spüren. Achten Sie darauf, dass die Hüfte vorne bleibt und nicht nach hinten ausweicht.
Nachdem Sie sich in der ersten Position gedehnt haben, beugen Sie das linke Bein, bis Sie einen erneuten Reiz spüren. Verbleiben Sie in dieser Position und wiederholen Sie die Dehnmethode. Dann strecken Sie das linke Bein und führen die Übung zur anderen Seite aus.
Anschließend können Sie beide Beine weiter nach außen bewegen, bis Sie einen erneuten Dehnreiz spüren, und die zuvor praktizierte Dehnmethode wiederholen.

Die Beine und das Gesäß — Die Trainingsstunde — 77

D 19: Körperverdrehung im Sitz

Diese Übung dehnt die Gesäß-, die äußere Oberschenkel- und die Rückenmuskulatur.
Sie sitzen mit gestreckten Beinen und aufgerichtetem Oberkörper auf dem Boden. Stellen Sie das rechte Bein möglichst nah am Gesäß über das linke. Der rechte Fuß ist nun aufgestellt und fast gerade nach vorne gerichtet. Entspannen Sie das rechte Bein und ziehen Sie es zum Körper, bis Sie einen leichten Dehnreiz spüren.
Nachdem Sie sich in der ersten Position gedehnt haben, legen Sie den linken Ellbogen an die Außenseite des rechten Knies und drehen Kopf und Oberkörper im Uhrzeigersinn, bis Sie einen erneuten Dehnreiz spüren. Das liegende Bein kann bei der Übung gebeugt werden, was eine intensivere Dehnung des Rückens ermöglicht.

D 20: Fußanziehen

Diese Übung dehnt die Gesäß- und die äußere Oberschenkelmuskulatur.
Sie sitzen mit geradem Oberkörper und gestreckten Beinen auf den Boden. Ziehen Sie den rechten Unterschenkel an und nehmen Sie ihn in die Hände. Dabei bewegt sich das rechte Knie nach außen. Ziehen Sie das rechte Bein näher zum Körper, bis Sie einen leichten Dehnreiz spüren.
Sie können die Übung auch in Rückenlage ausführen. Dazu befindet sich das linke Bein gebeugt in der Luft. Führen Sie den rechten Unterschenkel vor das linke Knie, so dass das rechte Knie nach außen zeigt. Nun ziehen Sie das linke Bein an, bis der Dehnreiz zu spüren ist.

Die Trainingsplanung

Dieses Kapitel erläutert die Grundlagen der Trainingsplanung. Sie erfahren, wie Sie ein Trainingsprogramm selbstständig aufbauen und wie Sie den Trainingserfolg anhand von Gewicht, Körperfettanteil und Körpermaße kontrollieren. Protokollieren Sie die Testergebnisse und sammeln Sie wichtige Informationen zu den einzelnen Trainingseinheiten. So können Sie langfristig Ihre körperliche Entwicklung mitverfolgen.

Außerdem werden in diesem Kapitel fertige Trainingsprogramme für das Hanteltraining vorgestellt. Die Programme sind so aufgebaut, dass ein Einsteiger schnell deutliche Ergebnisse erreicht, ohne ein großes Überlastungsrisiko eingehen zu müssen.

Beachten Sie bei allen dargestellten Programmen, ebenso wie bei der Zusammenstellung eigener Programme, dass Sie spätestens nach einer Trainingsphase von zwölf Wochen Änderungen am Programm vornehmen, z. B. Übungen austauschen, oder nach einem ganz neuen Programm trainieren. Nur so ist sichergestellt, dass der Körper immer wieder gefordert wird und die Leistung nicht stagniert. Außerdem wird so verhindert, dass das Training eintönig wird.

Die Trainingsplanung — Trainingsaufbau

1. Eingangstest

Prüfen Sie vor Aufnahme Ihres Trainingsprogramms, ob Verletzungen vorliegen, die eine ärztliche Untersuchung erforderlich machen. Im nächsten Schritt sind die Istwerte zu bestimmen. Dazu ermitteln Sie Gewicht, Körperfett und Körpermaße (siehe Körpertest S. 83-85) und notieren die Ergebnisse. Diese Aufzeichnungen sind die Grundlage für die Erfolgskontrolle im Rahmen Ihres Trainingsprogramms. Außerdem können Sie noch Notizen zu Ihrem körperlichen Leistungsvermögen machen, wie beispielsweise zu Ihrer Beweglichkeit, Kraft und Ausdauer.

2. Zielfestlegung und Trainingsplan

Als nächstes sind die Trainingsziele zu definieren. Dazu nutzen Sie die Ergebnisse des Eingangstests. Machen Sie sich bewusst, was Sie mit dem Hanteltraining erreichen wollen, wie viel Zeit Sie für das Training aufwenden können und was Sie damit erreichen können. Unter Berücksichtigung der Testergebnisse leiten Sie aus diesen Überlegungen Ihre Trainingsziele ab. Bleiben Sie bei deren Festlegung realistisch, um sie auch umsetzen zu können. Die Ziele werden in kurz-, mittel- und langfristig aufgeteilt, da das Erreichen eines kurzfristigen Ziels dazu motiviert, das Training fortzusetzen.

Auf diesen Grundlagen legen Sie ein Trainingsprogramm für die Dauer von 6-12 Wochen fest. Nach einer Trainingszeit von 6 Wochen werden Sie Erfolge feststellen. Sie sollten aber nicht länger als 12 Wochen nach dem gleichen Programm trainieren, so dass dem Körper immer neue Trainingsreize gesetzt werden und eine Leistungsstagnation vermieden wird. Nach Beendigung der festgelegten Trainingsphase müssen Sie Übungen im Programm variieren und austauschen, oder ein neues Programm zusammenstellen. Generell müssen Sie bei der Planung von Trainingsprogrammen darauf achten, dass Sie alle wichtigen Muskelgruppen (siehe S. 14-17) mindestens einmal wöchentlich intensiv kräftigen.

3. Trainingsperiode

Nach Zieldefinition und Festlegung eines Programms beginnen Sie die Trainingsperiode von 6-12 Wochen. Machen Sie nach jeder Trainingseinheit Notizen in Ihrem Trainingsbuch. So können Sie langfristig die Entwicklung Ihrer Leistungsfähigkeit nachvollziehen. Einsteiger müssen darauf achten, dass sie in den ersten Trainingseinheiten die Hantelübungen mit wenig Gewicht ausführen. Der Körper muss sich erst an die neuen Bewegungsabläufe gewöhnen. Auch dürfen die Gewichte nicht zu schnell erhöht werden, damit es zu keinen Überlastungen kommt.

4. Kontrolltest

Der Trainingserfolg muss durch regelmäßige Kontrolltests überprüft werden. Dazu werden die Kriterien des Eingangstests erneut geprüft. Es empfiehlt sich, alle 3-4 Wochen eine solche Trainingskontrolle vorzunehmen. Außerdem ist die Trainingsperiode mit einem Kontrolltest abzuschließen. Die Testergebnisse werden mit denen des Eingangstests verglichen. Basierend auf diesen Vergleichen und unter Berücksichtigung der Trainingsziele wird das Trainingsprogramm und – wenn notwendig – auch die Trainingsziele modifiziert.

Motivation

Wenn Sie ein Trainingsprogramm durchführen, werden Sie feststellen, dass es immer wieder Phasen mit nachlassender Motivation gibt. Insbesondere nach den ersten Trainingseinheiten, wenn sich der Körper noch nicht an die sportliche Betätigung gewöhnt hat, besteht die Gefahr, in den alten Rhythmus (ohne Training) zurückzufallen. Gestalten Sie deshalb das Training so, dass es nicht langweilig wird. Variieren Sie die Übungen, wechseln Sie die Trainingspartner und nutzen Sie motivierende Musik. Auch der Blick ins Trainingsbuch wird Ihnen helfen: Schauen Sie nach aus welchen Gründen Sie mit dem Training begonnen haben, und besinnen Sie sich auf die Ziele, die Sie sich gesetzt haben. Machen Sie sich bewusst, was Sie bereits erreicht haben, und fragen Sie sich, ob Sie das alles einfach aufgeben wollen.

Je länger Sie im Training sind, desto seltener werden Motivationsprobleme auftauchen. Bereits nach einer kurzen Trainingspause wird sich Ihr Körper nach der sportlichen Betätigung sehnen und dem Glücksgefühl und der Zufriedenheit danach.

Mit regelmäßigem Hanteltraining erreichen Sie Ihre Wunschfigur – wie auch die Fitnesstrainerin Claudia Hein (Miss Germany 2004, Darstellerin im Buch „Fitness für Frauen", Delp 2004).

Trainingsbuch

Führen Sie ein Trainingsbuch, um die Entwicklung Ihres Körpers langfristig mitverfolgen und überwachen zu können. Beginnen Sie gleichzeitig zur Aufnahme des Trainingsprogramms mit den Aufzeichnungen. Später werden Ihnen diese Notizen sehr hilfreich sein, da aus diesen die Gründe für Trainingserfolge und -misserfolge hervorgehen. Auch lernen Sie durch diese Aufzeichnungen Ihren Körper besser kennen und verstehen, wie er auf Veränderungen reagiert. Mit diesen Informationen können Sie zukünftige Trainingsprogramme effektiver gestalten.

Zuerst werden im Trainingsbuch die Ergebnisse des Eingangstests und die Trainingsziele festgehalten. Nach jeder Trainingseinheit sollten Sie Übungen, Hantelgewichte, Satz- und Wiederholungszahlen notieren. Auch sind Anmerkungen über die Rahmenbedingungen des Trainings sinnvoll, da die sportliche Leistungsfähigkeit von Faktoren wie Stress, Ernährung und Schlaf beeinflusst wird. Vermerken Sie auch die Ergebnisse der Kontrolltests.

Es empfiehlt sich, ein Ringbuch als Trainingsbuch zu nutzen, da dann Blätter zugeheftet werden können. Am besten wählen Sie ein Buch in der Größe DinA4. Die Seiten können Sie entsprechend der eigenen Vorstellungen am Computer entwerfen.

Der folgende Beispielplan ist ein Ganzkörper-Programm. Die notierten Gewichte sind fiktiv, könnten aber von einem männlichen Athleten sein, der bereits einige Monate mit der Intensität eines leicht Fortgeschrittenen nach der Muskelaufbau-Methode trainiert und kontinuierlich seine Gewichte gesteigert hat. Sie dürfen die Gewichte keinesfalls als Einstiegsgewichte betrachten, da sie dafür viel zu hoch sind. Sie werden aber nach 12 Trainingsmonaten überrascht sein, wie sich Ihre Kraft verbessert hat.

Datum:	17.06.05		
Übung:	**Satz x Wdh. / Gewicht**	**Satz x Wdh. / Gewicht**	**Satz x Wdh. / Gewicht**
K 1: Bankdrücken (Kurzhanteln)	2 x 12 / 35 kg je Hantel		
K 5: Rudern einarmig	2 x 12 / 35 kg je Hantel		
K 8: Nackendrücken	2 x 11 / 17,5 kg je Hantel		
K 17: Bizepscurl im Sitz	2 x 10 / 17,5 kg je Hantel		
K 20: Arm strecken nach oben	2 x 12 / 15 kg je Hantel		
K 24: Beidbeinige Kniebeuge	2 x 10 / 75 kg Langhantel		
K 27: Beckenlift	2 x 11 / 10 kg Scheibe		
K 21: Crunch	2 x 12 / 20 kg Scheibe		
K 8: Oberkörper vorbeugen	2 x 12 / 20 kg Scheibe		
Trainingsanmerkungen:	Keine Besonderheiten		

Körpertest

Im Körpertest werden Gewicht, Körperfettanteil und Körpermaße ermittelt. Die Ergebnisse werden im Trainingsbuch festgehalten. Diese Notizen sind notwendig, weil sie den Trainingserfolg sichtbar machen.
Um Ihr Gewicht im Verhältnis zu anderen Personen einzuordnen, können Sie den Body Mass Index (BMI) und die Körperfettmessung nutzen.

Body Mass Index

Zur Ermittlung des BMI wird das Körpergewicht zur Körpergröße ins Verhältnis gesetzt. Der BMI sagt aber noch nichts über die Verteilung der Körpermasse aus. Nach dieser Methode können Sie trotz Normalgewichts verhältnismäßig wenig Muskeln und einen großen Bauchumfang haben. Das hat seinen Grund darin, dass Körperfett leichter und vom Umfang her voluminöser ist als Muskeln. Deshalb kommt es darauf an, auch die körperliche Verfassung zu bestimmen. Es muss ermittelt werden, in welchem Verhältnis Körperfettanteil und Muskulaturanteil zu einander stehen. Dazu kann die Körperfettmessung eingesetzt werden.
Den BMI ermitteln Sie, indem Sie das Körpergewicht durch die quadrierte Körpergröße teilen.

BMI = Körpergewicht (kg) / Körpergröße (m) x Körpergröße (m)
Eine Frau mit 1,65 m Größe und 60 kg Körpergewicht hat folglich einen BMI von: 60 / (1,65 x 1,65) = 22,04.
Ein Mann mit 1,80 m Größe und 75 kg Körpergewicht hat einen BMI von: 75 / (1,80 x 1,80) = 23,15.

Vergleichswerte Frauen:	Vergleichswerte Männer:	Wertung
BMI unter 19	BMI unter 20	Untergewicht
BMI 19-24	BMI 20-25	Normalgewicht
BMI über 24	BMI über 25	Übergewicht

Körperfettmessung

Bei der Körperfettmessung wird der Fettanteil am Körpergewicht ermittelt. Nehmen Sie diese Messung regelmäßig vor, möglichst alle drei bis vier Wochen, und notieren Sie die Ergebnisse. Wenn Sie stattdessen nur auf das Körpergewicht achten, lässt sich der Trainingserfolg nur undeutlich bestimmen. Sie können beispielsweise Muskulatur aufbauen und zahlreiche Fettpolster abbauen, werden aber in den nächsten Monaten keinen deutlichen Unterschied am Körpergewicht feststellen. Das hat seinen Grund darin, dass am Anfang eines Trainingsprogramms durch die neue sportliche Betätigung Muskulatur aufgebaut und Fett abgebaut wird, wobei Fettgewebe aber leichter als Muskulatur ist. Langfristig ist bei vorherigem Übergewicht aber auch eine Gewichtsabnahme feststellbar, da nach mehreren Trainingsmonaten umfangreiche Vergrößerungen der Muskelmasse nur noch mit intensivem Hanteltraining erzielt werden. Anhand der Körperfettmessung können Sie jedoch während jedes Trainingsabschnittes prüfen, ob sich der Fettanteil verringert hat.
Der Fettanteil kann mit einer Fettzange (Caliper) ermittelt werden. Einfacher ist die Bestimmung aber anhand einer Waage mit Körperfettmessung. Bei solchen Waagen wird das Verfahren der Bioelektrischen Impedanzanalyse (BIA) eingesetzt. Dabei wird ein harmloses, schwaches elektrisches Signal durch den Körper gesendet. Da Strom schlechter von Fett als von Muskeln und

anderem Gewebe geleitet wird, kann anhand des Widerstandes (Impedanz), auf den das elektrische Signal trifft, der Körperfettanteil bestimmt werden. Solche Waagen sind im Handel ab zirka 80 EUR erhältlich.

Checkliste zur Körpermessung
Zur Übersicht über Ihre körperliche Entwicklung können Sie regelmäßig die Körperpartien prüfen. Messen Sie den Umfang von Oberarmen, Brust, Taille, Hüfte, Oberschenkeln und Waden, da an diesen Stellen die deutlichsten Veränderungen feststellbar sind. Ziel ist es, an der Taille möglichst wenig Umfang zu haben, und an den anderen Partien möglichst viel Umfang. Dementsprechend messen Sie die Taille an der schmalsten und alle anderen Bereiche an der breitesten Stelle. Die Ergebnisse halten Sie in einer Checkliste fest.

In regelmäßigen Zeitabständen, etwa alle 3-4 Wochen, sollten Sie diese Messungen wiederholen. Sie müssen die Messungen immer zur gleichen Tageszeit vornehmen, am besten morgens direkt nach dem Aufstehen. Sie sollten aber Ihre Proportionen nicht zu oft prüfen, um sich keinem Leistungsdruck auszusetzen. Schließlich sollen Sie stets Spaß am Training haben, denn sonst werden Sie es bereits nach kurzer Zeit wieder aufgeben. Nach Beendigung Ihres mehrwöchigen Trainingsprogramms führen Sie einen Abschlusstest durch. Wenn Sie dabei feststellen, dass Sie Ihre Trainingsziele nicht erreicht haben, müssen Sie Ihr Programm deutlich umstellen und möglicherweise auch Ihre Ziele unter realistischeren Gesichtspunkten neu festsetzen.

Trainingsaufbau   **Die Trainingsplanung**   **85**

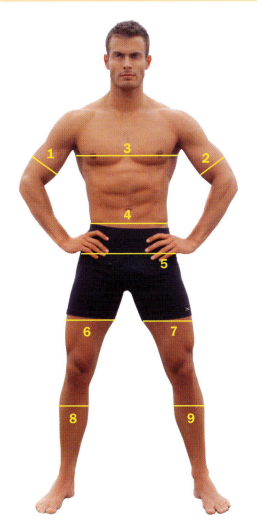

	Eingangstest	Kontrolltest 1	Kontrolltest 2	Abschlusstest
Datum				
Gewicht				
Körperfett				
1. rechter Oberarm				
2. linker Oberarm				
3. Brustmitte				
4. Taille				
5. Hüfte				
6. rechter Oberschenkel				
7. linker Oberschenkel				
8. rechte Wade				
9. linke Wade				

Orientierungsphase

Wenn Sie bisher kein Hanteltraining praktiziert haben, beginnen Sie Ihr Programm mit der Orientierungsphase. Ansonsten können Sie direkt zur Trainingsphase „Einsteiger" übergehen.
In der Orientierungsphase geht es darum, den Körper in den neuen Bewegungen zu schulen. Deshalb werden nur kleine Gewichte eingesetzt. Es werden Übungen gemacht, die vorrangig die großen Muskelgruppen aktivieren. Ein gezieltes Training der kleinen Muskelgruppen ist in dieser Trainingsphase noch nicht notwendig. Die Phase sollte über einen Zeitraum von 6-12 Wochen durchgeführt werden, wobei zwei- bis dreimal pro Woche trainiert wird.

Trainingsphase „Einsteiger"

Nach der Orientierungsphase beginnen Sie mit konzentriertem Muskeltraining. Die Trainingsphase „Einsteiger" dauert mindestens 12 Wochen, kann aber auch deutlich verlängert werden. Die exakte Dauer ist davon abhängig, ob Sie regelmäßig zwei- bis dreimal pro Woche trainieren, ebenso wie von Ihren sportlichen Vorkenntnissen. Als Trainingsmethode wird einzig die Kraftausdauer-Methode genutzt (siehe S. 18).

Trainingsphase „Leicht Fortgeschrittene"

Nach einer Trainingszeit von 6-12 Monaten, haben Sie sich zu einem leicht Fortgeschrittenen im Hanteltraining entwickelt. Voraussetzung dafür ist, dass Sie regelmäßig trainiert haben. Sie werden nun deutliche Ergebnisse an Ihrem Körper feststellen. Oftmals sind Menschen, die dieses Trainingsstadium erreicht haben, bereits mit den Ergebnissen zufrieden. Um dieses Leistungsniveau aufrecht zu halten und langfristig etwas zu steigern, müssen Sie weiterhin spätestens nach zwölf Wochen Umstellungen am Programm vornehmen oder neue Programme, auch Split-Programme, einsetzen. Zusätzlich können Sie nun Intensivierungstechniken im Training einbauen (siehe S. 20-21).

Trainingsphase „Fortgeschrittene"

Auch Fortgeschrittene unterteilen das Training in Zyklen von 6-12 Wochen. Das Training muss genau geplant und protokolliert werden, da es immer schwieriger wird, die Leistungsfähigkeit zu verbessern. Es müssen dem Körper ständig neue intensive Reize gesetzt werden, wozu Intensivierungstechniken und unterschiedliche Split-Programme genutzt werden. Nur so können weitere Verbesserungen erreicht werden.
Fortgeschrittene Freizeitsportler mit Muskelaufbau als vorrangigem Trainingsziel können so vorgehen, dass sie ihre Trainingspläne in Aufbauphase und Definitionsphase unterscheiden. In der Aufbauphase wird möglichst viel Muskelmasse aufgebaut. Dazu muss viel gegessen werden, wobei ein zwangsläufiger Anstieg des Körperfettanteils hingenommen wird. Nach dieser Phase erfolgt eine Definitionsphase mit dem Ziel, die antrainierte Muskelmasse weitestgehend zu erhalten, aber den Fettanteil auf ein Minimum zu reduzieren. Anschließend erfolgt wieder eine Aufbauphase mit unterschiedlichem Trainingsprogramm. Wettkampf-Bodybuilder sind ursprünglich nach einem solchen Prinzip vorgegangen. Mittlerweile haben sich aber in diesem Bereich andere Trainingsprinzipien

durchgesetzt, mit denen langfristig größere Erfolge erzielt werden, die allerdings weitaus aufwändiger und komplizierter sind.

Split-Programme

Sie können Ihre Trainingsprogramme splitten, um öfters zu trainieren, aber trotzdem den Muskelgruppen genügend Regenerationszeit zu ermöglichen. Einige bewährte Split-Programme bekommen Sie hier vorgestellt. Es gibt aber noch eine Vielzahl weiterer Split-Programme, so dass Sie dem Körper immer neue Reize setzen und die Trainingsintensität steigern können. Es obliegt dem Athleten, seine Trainingsprogramme bestmöglich auf seine individuellen Anforderungen auszurichten.

2er Split: Ganzkörper

Tag 1, Tag 5, Tag 10	Tag 3, Tag 8, Tag 12
Ganzkörper-Programm A	Ganzkörper-Programm B
Anmerkung: Zwischen dem Ausführen einer Übung wird nie länger als 5 Tage pausiert.	

2er Split: Muskelumfang

Tag 1, Tag 5	Tag 3
Brustmuskulatur, Rückenmuskulatur, vordere und hintere Oberschenkelmuskulatur, vordere Bauchmuskulatur	Schultermuskulatur, Armmuskulatur, innere und äußere Beinmuskulatur, Wadenmuskulatur, seitliche Bauchmuskulatur
Anmerkung: Kleine Muskelgruppen werden an den Tagen 1 und 5 mittrainiert. Sie benötigen aber eine kürzere Regenerationszeit als große Muskelgruppen und können deshalb am Tag 3 zusätzlich trainiert werden.	

2er-Split: Oberkörper – Beine

Tag 1, Tag 4	Tag 2, Tag 6
Brustmuskulatur, obere Rückenmuskulatur, Schultermuskulatur, Armmuskulatur	Bein- und Gesäßmuskulatur, Bauchmuskulatur, untere Rückenmuskulatur
Anmerkung: Ein Split-Programm für leicht Fortgeschrittene.	

3er-Split

Tag 1, Tag 4	Tag 2, Tag 5	Tag 3, Tag 6
Brustmuskulatur, vorderer und mittlerer Anteil der Schultermuskulatur, hintere Oberarmmuskulatur	Bein- und Gesäßmuskulatur, seitliche Bauchmuskulatur, untere Rückenmuskulatur	Obere Rückenmuskulatur, hinterer Anteil der Schultermuskulatur, vordere Oberarmmuskulatur, vordere Bauchmuskulatur
Anmerkung: Nach diesem Programm können leicht Fortgeschrittene und Fortgeschrittene intensiv trainieren.		

Ganzkörper-Dehnprogramm

Jede Trainingseinheit beginnt mit der Warm-up-Phase. Machen Sie eine Aufwärmübung für 5-10 Minuten mit gleichmäßiger Geschwindigkeit. Im Fitness-Studio können Sie beispielsweise ein Fahrradergometer nutzen. Beim Training zuhause bietet es an, auf der Stelle zu gehen oder zu laufen. Danach dehnen Sie Ihre Muskulatur: am besten alle Muskelgruppen und die Schwachstellen intensiv. Ohne vorheriges Dehnen besteht die Gefahr, dass Sie sich beim Hanteltraining verletzen.

Führen Sie jede Dehnübung des Ganzkörper-Programms einmal aus, bei deutlich verspannter Muskulatur zweimal. Wenn Sie im Hanteltraining ein Split-Programm einsetzen, können Sie die Dauer des Dehnprogramms kürzen, indem Sie nur diejenigen Muskelgruppen dehnen, die Sie beim Hanteltraining vorrangig kräftigen. Dehnen Sie immer die linke und die rechte Körperseite. Für das Aufwärmen können Sie zwischen den Dehnmethoden „Entspannen – Erweitern" und „Anspannen – Entspannen – Erweitern" wählen. Hingegen nutzen Sie für das Abwärmen ausschließlich die Methode „Entspannen – Erweitern" (siehe S. 64-66). Um das Programm zu variieren, können Sie Übungen mit solchen austauschen, die dieselbe Muskelgruppe ansprechen (siehe S. 14-17).

D 7: Kopf zur Seite neigen, D 1: Gestreckten Arm dehnen, D 3: Arme und Oberkörper strecken, D 9: Schulterblätter greifen, D 10: Hände greifen einander hinter dem Kopf, D 13 Wadendehnung abwechselnd, D 15: Unterschenkel anziehen, D 17: Oberkörper zu aufgelegtem Bein vorbeugen, D 18: Grätschstand, D 19: Körperverdrehung im Sitz

Trainingsprogramme   Die Trainingsplanung   89

Programm für die Orientierungsphase

Neueinsteiger beginnen das Training mit dem folgenden Programm und führen es für die Dauer von 6-12 Wochen durch. Die exakte Dauer ist davon abhängig, wie schnell man sich an die sportliche Betätigung gewöhnt. Wenn Sie jedoch bereits Vorkenntnisse im Hanteltraining haben, können Sie direkt mit der Trainingsphase „Einsteiger" beginnen.

Wählen Sie für jede Übung ein Gewicht, mit dem Sie 20 Wiederholungen durchführen können. Sie sollten sich nach der Übung mit mittlerer Intensität beansprucht fühlen. Sie müssen Ihren Körper erst an die Anforderungen gewöhnen und dürfen ihn noch nicht intensiv trainieren, da ansonsten Überlastungsgefahr besteht.
Führen Sie für jede Übung 2 Sätze (Durchgänge) aus und pausieren Sie zwischen jedem Satz etwa eine Minute.

Warm-up-Übung und Stretching (Ganzkörper-Programm, S. 88)
1. K 1: Bankdrücken/K 1: Drücken am Boden 20 Wdh., 2 Sätze
2. K 5: Rudern einarmig 20 Wdh., 2 Sätze
3. K 10: Nackendrücken 20 Wdh., 2 Sätze
4. K 24: Beidbeinige Kniebeuge 20 Wdh., 2 Sätze
5. K 27: Beckenlift 20 Wdh., 2 Sätze
6. K 21: Crunch maximale Wdh., 2 Sätze
7. K 9: Arme und Beine anheben 15-30 Sek. halten, 2 Sätze
Cool-down-Übung und Stretching

K 1, K 5, K 10, K 24, K 27, K 21, K 9

Programm für die Trainingsphase „Einsteiger"

Nach der Orientierungsphase beginnen Sie mit der Einstiegsphase, die üblicherweise 3-9 Monate dauert. Die genaue Zeitspanne ist davon abhängig, ob Sie regelmäßig trainieren und wie Ihre sportlichen Voraussetzungen sind. Sie können aber auch langfristig die Intensität dieser Trainingsphase beibehalten. Nehmen Sie dann alle 3 Monate Änderungen am Programm vor, variieren Sie beispielsweise Übungen.

Es sind zwei Ganzkörper-Programme dargestellt, die Sie abwechselnd einsetzen. Trainieren Sie dreimal wöchentlich, damit Sie jede Übung mindestens alle 5 Tage ausführen. Dies stellt sicher, dass Sie kontinuierlich die Wiederholungszahlen beziehungsweise die Gewichte steigern können.

Wählen Sie für jede Übung ein Gewicht, mit dem Sie 15-20 Wiederholungen ausführen können und sich danach mittel bis schwer belastet fühlen. Steigern Sie die Wiederholungszahlen in den folgenden Trainingseinheiten, bis es Ihnen gelingt, 20 Wiederholungen in jedem Satz auszuführen. Dann steigern Sie das Gewicht etwas, aber nur soviel, dass Sie noch mindestens 15 Wiederholungen ausführen können, und wiederholen das Vorgehen in den nächsten Wochen.

Führen Sie von jeder Übung 2 Sätze aus und pausieren Sie zwischen diesen etwa eine Minute. Ehrgeizige Athleten können auch 3 Sätze je Übung ausführen.

| Tag 1 Programm A | Tag 2 | Tag 3 Programm B | Tag 4 | Tag 5 Programm A | Tag 6 | Tag 7 |
| Tag 8 Programm B | Tag 9 | Tag 10 Programm A | Tag 11 | Tag 12 Programm B | Tag 13 | Tag 14 |

Programm A K 1, K 6, K 11, K 24, K 27, K 22, K 23, K 9

Trainingsprogramme — Die Trainingsplanung

Ganzkörper-Programm A

Warm-up-Übung und Stretching (Ganzkörper-Programm S. 88)

1. K 1: Bankdrücken oder K 2: Schrägbank 15-20 Wdh., 2-3 Sätze
2. K 6: Rudern beidarmig 15-20 Wdh., 2-3 Sätze
3. K 11: Seitheben 15-20 Wdh., 2-3 Sätze
4. K 24: Beidbeinige Kniebeuge 15-20 Wdh., 2-3 Sätze
5. K 27: Beckenlift 15-20 Wdh., 2-3 Sätze
6. K 22: Seitlicher Crunch 15-20 Wdh., 2-3 Sätze
7. K 23: Seitstütz 15-20 Wdh., 2-3 Sätze
8. K 9: Arme und Beine anheben 15-30 Sek. halten, 2-3 Sätze

Cool-down-Übung und Stretching

Ganzkörper-Programm B

Warm-up-Übung und Stretching (Ganzkörper-Programm S. 88)

1. K 3: Flys 15-20 Wdh., 2-3 Sätze
2. K 13: Reverse Flys 15-20 Wdh., 2-3 Sätze
3. K 10: Nackendrücken 15-20 Wdh., 2-3 Sätze
4. K 17: Bizepscurl im Sitz 15-20 Wdh., 2-3 Sätze
5. K 18: Arm strecken nach hinten 15-20 Wdh., 2-3 Sätze
6. K 25: Kniebeuge im Ausfallschritt 15-20 Wdh., 2-3 Sätze
7. K 30: Beidbeinig Fersen anheben 15-20 Wdh., 2-3 Sätze
8. K 21: Crunch 15-20 Wdh., 2-3 Sätze
9. K 9: Ein Arm und ein Bein anheben 15-30 Sek. halten, 2-3 Sätze

Cool-down-Übung und Stretching

Programm B K 3, K 13, K 10, K 17, K 18, K 25, K 30, K 21, K 9

Programme für Trainingsphase „Leicht Fortgeschrittene"

Nach einer mehrmonatigen Trainingsphase mit der Intensität „Einsteiger" lassen sich bereits erste Trainingsergebnisse feststellen. Um weiterhin schnelle Fortschritte in Muskelwachstum, Muskeldefinition und Maximalkraft zu erreichen, muss das Training intensiviert werden. Dazu ist es sinnvoll, das Training nach Muskelgruppen einzuteilen.

Sie können nach den Split-Programmen „Oberkörper" und „Beine" trainieren. Jedes Programm wird zweimal wöchentlich ausgeführt, wobei zwischen dem gleichen Programm mindestens 2 Tage pausiert wird. Noch mehrere Trainingseinheiten sind nicht sinnvoll, da das Training der einzelnen Muskelgruppen intensiviert wird und deshalb eine längere Regenerationszeit notwendig ist. Zur Trainingssteigerung können Sie auch Intensivierungstechniken einsetzen (siehe S. 20-21). Spätestens nach 12 Wochen müssen Sie das Programm umstellen, um den Trainingserfolg sicherzustellen. Sie können Übungen variieren oder neue Split-Programme nutzen.

Wählen Sie ein Gewicht, mit dem Sie je nach Trainingsziel 8-12, 15-20 oder 25-30 Wiederholungen ausführen können und sich danach schwer belastet fühlen. Steigern Sie die Wiederholungszahlen in den folgenden Trainingseinheiten, bis es Ihnen gelingt, 12, 20 oder 30 Wiederholungen in jedem Satz auszuführen. Dann steigern Sie das Gewicht etwas, aber nur soviel, dass Sie noch mindestens 8, 15 oder 25 Wiederholungen ausführen können, und wiederholen das Vorgehen in den nächsten Wochen.

8-12 Wiederholungen: vorrangiges Trainingsziel Muskelaufbau.
15-20 Wiederholungen: Kraftausdauer-Training, auch deutliche Effekte für Muskelaufbau.
25-30 Wiederholungen: vorrangiges Trainingsziel Kraftausdauer.
Führen Sie von jeder Übung 2 Sätze aus und pausieren Sie zwischen diesen etwa eine Minute. Ehrgeizige Athleten können auch 3 Sätze je Übung ausführen.

Tag 1	Tag 2	Tag 3	Tag 4	Tag 5	Tag 6	Tag 7
Split O	**Split B**	frei	**Split O**	frei	**Split B**	frei

Split-Programm Oberkörper

Warm-up-Übung und Stretching (Ganzkörper-Programm oder Übungen für Oberkörper- und Rumpfmuskulatur)

1. K 1: Bankdrücken 2-3 Sätze

2. K 3: Flys 2-3 Sätze

3. K 7: Bankziehen oder K 5: Rudern einarmig 2-3 Sätze

4. K 13: Reverse Flys 2-3 Sätze

5. K 10: Nackendrücken 2-3 Sätze

6. K 16: Konzentrationscurl 2-3 Sätze

7. K 20: Arm strecken nach oben 2-3 Sätze

8. K 21: Crunch 2-3 Sätze

9. K 8: Oberkörper vorbeugen 2-3 Sätze

Cool-down-Übung und Stretching

Trainingsprogramme   Die Trainingsplanung

Split-Programm Beine
Warm-up-Übung und Stretching (Ganzkörper-Programm oder Übungen für Bein- und Rumpfmuskulatur)
1. K 24: Beidbeinige Kniebeuge 2-3 Sätze
2. K 27: Beckenlift 2-3 Sätze
3. K 28: Bein anziehen 2-3 Sätze
4. K 29: Bein abspreizen 2-3 Sätze
5. K 30: Einbeinig Fersen anheben 2-3 Sätze
6. K 22: Seitlicher Crunch 2-3 Sätze
7. K 23: Seitstütz 2-3 Sätze
8. K 9: Arme und Beine anheben 30-60 Sek. halten, 2-3 Sätze
Cool-down-Übung und Stretching

Programme für die Trainingsphase „Fortgeschrittene"

Wenn Sie etwa 12 Monate kontinuierlich mit unterschiedlichen Programmen und der Intensität eines leicht Fortgeschrittenen trainiert haben, werden Sie deutliche Veränderungen an Ihrem Körper feststellen. Viele Menschen sind mit diesen Trainingsresultaten zufrieden und möchten vorrangig dieses Leistungsvermögen bewahren.
Wollen Sie jedoch weiterhin deutliche Leistungsverbesserungen erreichen, müssen Sie Ihr Hanteltraining noch intensivieren. Dabei gilt: Umso größer das bereits erreichte Leistungsvermögen ist, desto aufwendiger sind weitere Verbesserungen. Mit neuen Trainingsprogrammen und dem Einsatz von Intensivierungstechniken sind fortlaufend Steigerungen

möglich. In diesem Trainingsstadium sind konkrete Vorgaben schwierig, da die Athleten nach eigenen Erfahrungen ihre Programme zusammenstellen. Es gibt die unterschiedlichsten Trainingsprogramme, mit denen die Athleten versuchen, ihr Leistungsvermögen noch zu steigern.
Das folgende Split-Programm ist eines von vielen Programmen, das von Fortgeschrittenen eingesetzt wird. Hier wird auf Übungen aus diesem Buch zurückgegriffen. Es gibt eine Vielzahl von Alternativübungen, die eingesetzt werden können, deren Vorstellung den Umfang dieses Buches aber sprengen würde. Dazu gehören auch einige Maschinenübungen, wie z. B. der „Beinbeuger im Sitz". Nähere Informationen zu diesen Übungen bietet das Buch „Bodytraining im Fitness-Studio" (Delp 2004).

A an Tag 1, Tag 4	B an Tag 2, Tag 5	C an Tag 3, Tag 6
Brustmuskulatur, vorderer und mittlerer Anteil der Schultermuskulatur, hintere Oberarmmuskulatur	Bein- und Gesäßmuskulatur, seitliche Bauchmuskulatur, untere Rückenmuskulatur	Obere Rückenmuskulatur, hinterer Anteil der Schultermuskulatur, vordere Oberarmmuskulatur, vordere Bauchmuskulatur
K 1: Bankdrücken K 1: Bankdrücken enger Griff K 2: Schrägbankdrücken K 11: Seitheben K 10: Nackendrücken K 18: Arm strecken nach hinten	K 24: Beidbeinige Kniebeuge K 25: Ausfallschritt K 27: Beckenlift (oder Beinbeuger im Sitz) K 30: Fersen anheben, K 23: Seitlicher Unterarmstütz K 8: Oberkörper vorbeugen	K 7: Bankziehen K 6: Rudern beidarmig K 13: Reverse Flys K 16: Konzentrationscurl K 15: Bizepscurl im Stand K 21: Crunch K 22: Seitlicher Crunch
8-12 Wdh., 3-4 Sätze	8-12 Wdh., 3-4 Sätze	8-12 Wdh., 3-4 Sätze

Literaturverzeichnis

Anderson, B.: Stretching. Dehnübungen, die den Körper geschmeidig und gesund erhalten, München 1996.
Boeckh-Behrens, W.-U. / Buskies, W.: Fitness-Krafttraining. Die besten Übungen und Methoden für Sport und Gesundheit, 3. Aufl., Reinbek bei Hamburg 2001.
Burger, D.: Effektiv zum schlanken Bauch, Reinbek bei Hamburg 2003.
Delp, C.: Best Stretching. Dehn-Übungen für alle Sportarten, Stuttgart 2005.
Delp, C.: Fitness für Kampfsportler, Stuttgart 2005.
Delp, C.: Fitness für Männer, Stuttgart 2005.
Delp, C.: Thaiboxen basics, Stuttgart 2005.
Delp, C.: Bodytraining im Fitness-Studio, Stuttgart 2004.
Delp, C.: Fit für den Strand. Perfektes Bodyforming, Stuttgart 2004.
Delp, C.: Fitness für Frauen. Mit Claudia Hein (Miss Germany 2004), Stuttgart 2004.
Delp, C.: Muay Thai. Traditionen, Techniken und Grundlagen des Thai-Boxens, Stuttgart 2004.
Delp, C.: So kämpfen die Stars. Die besten Kampfsporttechniken zum Selbsttraining, Stuttgart 2003.
Delp, C.: Thai-Boxen professional, Stuttgart 2002.
Delp, C.: Bodytraining für Zuhause basics, Stuttgart 2002.
Deutsche Gesellschaft für Ernährung: Ernährungsbericht 2000, Frankfurt 2000.
Gießing, J. : Ein-Satz Training. Ein wissenschaftliches Konzept für schnellstmöglichen Muskelaufbau im Bodybuilding, Arnsberg 2004.
Riese, T. / Wessinghage, T.: Ernährung und Training fürs Leben – 20 Bausteine für Ihre Fitness, 2. Aufl., Nürnberg 2000.

Buchteam

Tui Sang
Model und Fitnesssportlerin
represented by:
www.redmodelling.com

Ernst G.
Model und Fitnesssportler
represented by:
www.notoys.de

Autor
Christoph Delp, Diplom-Betriebswirt und Autor
Trainer für Fitness und Muay Thai (Thai-Boxen)
Neuste deutschsprachige Publikationen:
„Fitness für Kampfsportler" (2005), „Thaboxen basics" (2005),
„Best Stretching" (2005), „Fitness für Männer (2005),
„Bodytraining im Fitness-Studio" (2004),
„Fitness für Frauen" (2004), „Muay Thai" (2004),
www.christophdelp.de, www.muaythai.de

Fotographen
Nopphadol Viwatkamolwat www.astudioonline.com
Erwin Wenzel

Bildverzeichnis

Fotos von Erwin Wenzel: Seiten 5, 8, 9, 13, 27,29, 30 o.+m., 31,
32 u., 33, 35 u., 36, 39, 40, 42 u., 44, 45, 46, 48, 53, 55 r.,
59 r, 61, 81, 85, 94, 95 (Autor)
Alle anderen Aufnahmen von Nopphadol Viwatkamolwat.

Zum Weiterlesen aus dem Verlag pietsch

Christoph Delp
Das große Fitnessbuch
In diesem Fitnessbuch zeigt der Autor die besten Übungen für Ausdauer, Kraft und Beweglichkeit, gibt Hinweise zu Ernährung und Motivation und eine genaue Anleitung für die persönliche Trainingsplanung – ideal für das Training zu Hause oder im Studio.
240 Seiten, Format 195 x 265 mm
ISBN 978-3-613-50645-9
€ 29,90/sFr 39,90/€(A) 30,80

Christoph Delp
Perfektes Workout mit Kleingeräten
112 Seiten,
Format 170 x 240 mm
ISBN 978-3-613-50566-7
€ 14,95
sFr 19,90/€(A) 15,40

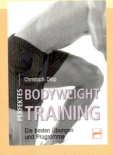

Christoph Delp
Perfektes Bodyweight Training
112 Seiten,
Format 170 x 240 mm
ISBN 978-3-613-50538-4
€ 14,95
sFr 19,90/€(A) 15,40

Christoph Delp
Sixpack-Trainer
104 Seiten,
Format 170 x 240 mm
ISBN 978-3-613-50501-8
€ 14,95
sFr 19,90/€(A) 15,40

Christoph Delp
Mann pack's an
112 Seiten, Format 170 x 240 mm
ISBN 978-3-613-50583-4
€ 14,95/sFr 19,90/€(A) 15,40

www.pietsch-verlag.de
Service-Hotline: 01805/00 41 55*
*€ 0,14/Min. aus d. dt. Festnetz, max. € 0,42/Min. aus Mobilfunknetzen

Stand März 2012
Änderungen in Preis und Lieferfähigkeit vorbehalten.